CANLLAW I OROESI'R
CYFRYNGAU
CYMDEITHASOL

Cyngor arbenigol gan

Lindsay Buck
Uwch Swyddog Prosiectau Addysg
Childnet International
⊙ Childnet

Danni Gordon
The Chachi Power Project

y Lolfa

CANLLAW I OROESI'R CYFRYNGAU CYMDEITHASOL

Holly Bathie

Dylunydd:
Stephanie Jeffries

Dylunydd yr argraffiad Cymraeg:
Richard Huw Pritchard

Darluniau:
**Richard Merritt, Kate Sutton
and The Boy Fitz Hammond**

Golygydd:
Felicity Brooks

▶▶▶ Usborne Quicklinks

Mae'r rhyngrwyd yn ffynhonnell wych o wybodaeth, ond mae gwybod pa safleoedd sy'n ddibynadwy yn bwysig iawn.

Rydyn ni wedi dewis ambell wefan ddefnyddiol i ategu'r wybodaeth yn y llyfr hwn ac mae'r rhain ar gael drwy **Usborne Quicklinks.** Yma, mae rhagor o help ar gael ynghylch delwedd corff, bwlio, iechyd meddwl a delweddau amhriodol.

Mae dolenni i'r holl safleoedd hyn ar gael ar:
usborne.com/Quicklinks
(yn Saesneg yn unig).
Teipia deitl y llyfr hwn
neu sgania'r cod QR isod.

Cofiwch ddilyn canllawiau diogelwch y rhyngrwyd yn Usborne Quicklinks. Dylai plant gael eu goruchwylio ar-lein.

Rhagair

Pa un a wyt ti'n defnyddio'r cyfryngau cymdeithasol ai peidio, mae'n gallu bod yn anodd anwybyddu'r byd ar-lein sydd o'n cwmpas ym mhobman. Weithiau, mae'n bosib y byddi di, neu bobl rwyt ti'n eu hadnabod, yn treulio mwy o amser ar y cyfryngau cymdeithasol nag yn gwneud dim byd arall!

Bydd y llyfr hwn yn ateb cwestiynau am bob math o agweddau gwahanol ar y cyfryngau cymdeithasol, **y da** a'r **drwg**, yn ogystal â sut i ofalu dy fod yn cael ychydig o le ac amser oddi wrth y cyfan pan fydd angen hynny. Efallai y bydd hefyd yn gallu dy helpu gydag unrhyw bynciau dwyt ti ddim yn gyfforddus yn chwilio amdanyn nhw ar-lein, neu yn eu trafod gyda ffrindiau neu deulu.

Pan fyddi di'n gweld gair neu ymadrodd mewn bocs, fel hyn, mae rhagor o wybodaeth amdano yn yr eirfa sy'n dechrau ar dudalen 283.

Cynnwys

Pennod 7

Pennod 8

Pennod 9

Pennod 10

Pennod 11

Pennod 12

Beth yw'r cyfryngau cymdeithasol? Yr hanfodion

Dewch i ni ddechrau yn y dechrau – trwy wefannau ac apiau cyfryngau cymdeithasol, rwyt ti'n gallu **cymdeithasu ar-lein,** ble bynnag rwyt ti.

// MYND I'R GÊM BÊL-DROED. DYMUNWCH BOB LWC I NI!! //

Rwyt ti'n gallu sgwrsio, anfon negeseuon a rhannu lluniau a fideos ag eraill arnyn nhw. Mae hyd yn oed safleoedd chwarae gemau yn rhyw fath o gyfryngau cymdeithasol ac rwyt ti'n gallu siarad â ffrindiau a chyfarfod â phobl newydd arnyn nhw.

Mae'r apiau hyn wedi'u cynllunio i bobl gysylltu â'i gilydd, a'r enwau cyswllt hyn yn creu (**rhwydwaith**). Mae ychydig fel cyfarfod â rhywun mewn parti a darganfod sut mae'r ddau ohonoch chi'n adnabod yr un sy'n cynnal y parti.

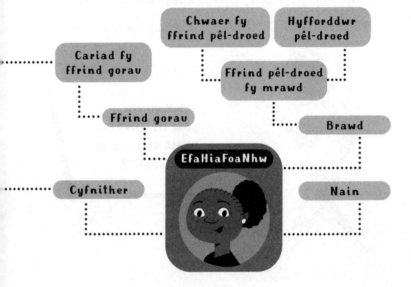

Yn dibynnu ar yr ap, yr enw ar dy enwau cyswllt a'r bobl sy'n cysylltu â ti yw ffrindiau, (**dilynwyr**) neu (**tanysgrifwyr**).

Sut mae'n gweithio?

Mae defnyddwyr y cyfryngau cymdeithasol yn creu cyfrif, gydag enw defnyddiwr, llun a thudalen proffil.

Darllena **Bennod 2** i ddysgu sut i wneud hyn yn ddiogel.

Mae defnyddwyr wedyn yn postio (cynnwys) ar eu (proffil), fel eu meddyliau a'u teimladau, lluniau, (dolenni) neu fideos.

Ar ôl i ti ddarllen neges, galli di ddewis ei (hoffi) neu wneud sylw amdani.

11

Os yw'r neges yn ddiddorol, yn bwysig neu'n ddoniol, efallai y byddi di am ei (**rhannu**) – ei hanfon ymlaen at bobl eraill.

Sawl gwaith mae wedi'i rhannu

✓ 54 ▶ 13 Wedi'i rhannu gan IgwanaUnigryw

Mae gorila yn bwyta DRWY'R DYDD. Biti na allwn i fwyta cacen drwy'r dydd...

✓ 💬 ▶

Clicia i'w RHANNU

Sylwadau:

5 mun. yn ôl **BydBraf**
Ha-ha, dwi'n deall yn iawn!

Gallet ti hefyd glicio ar broffil rhywun i wybod mwy amdano, neu anfon neges breifat (neges 'uniongyrchol') ato.

✓ 54 ▶ 13 Wedi'i rhannu gan IgwanaUnigryw

Mae gorila yn bwyta DRWY'R DYDD. Biti na allwn i fwyta cacen drwy'r dydd...

✓ 💬 ▶

Clicia ar yr enw i anfon neges uniongyrchol neu i weld eu PROFFIL

IgwanaUnigryw

Yn aml, y brif dudalen rwyt ti'n ei gweld wrth fewngofnodi i ap yw dy (borthiant), sy'n dangos pynciau negeseuon a sylwadau diweddar dy enwau cyswllt.

5 mun. yn ôl **BoiBach15**

Dwi'n *CARU* Caffi Carwyn. Mae'r ffa yn ardderchog. #CaffiCarwyn

3 mun. yn ôl **LwlwaFi**
Ooo ie, dwi eisiau bwyd nawr!!!

5 mun. yn ôl **Daniel_y_Dyn338**
Tacos yw fy ffefrynnau i @BoiBach15. Mmmm

✓12 ▶4   5 mun. yn ôl **Amdani_Siani**

CRIW Cŵl   **Methu aros am y penwythnos. Dydd Gwener, brysia wir!!!**

✓ 💬 ▶

10 mun. yn ôl **Caseg_Binc**

 Edrychwch ar driciau Nic ar yr eira :-), doeddwn i ddim cystal... #Eirafyrddio

✓6 ▶2 Wedi'i rannu gan **PenselFiniog** **13**

 **Oes rhywun yn gwybod am FADRWD do up llocl?**

@Simbal_Y344

@ber_Teifi

Tagio

Rwyt ti'n gallu 'tagio' ffrind penodol drwy deipio ei enw defnyddiwr yn dy neges (mae rhai apiau'n gofyn i ti ddefnyddio symbol **@** yn gyntaf), i dynnu ei sylw. Bydd dy ffrind wedyn yn cael hysbysiad gan yr ap. Mae'r rhan fwyaf o apiau hefyd yn dy hysbysu bob tro y mae un o dy negeseuon yn denu sylw, yn cael ei hoffi neu'n cael ei rhannu.

@tagia_dy_ffrindiau

Bydd y tag **@** yn creu dolen uniongyrchol i broffil dy ffrind, felly mae tagio rhywun hefyd yn tynnu sylw ato. (Cofia feddwl a fydd dy ffrind yn hapus i gael ei dagio yn dy neges!)

14

Cyhoeddus a phreifat

Mae pob ap yn cynnig pethau ychydig yn wahanol, ond mae **dau brif fath** – rhai ar gyfer y cyhoedd, a rhai yn fwy preifat.

Bwriad apiau ar gyfer y cyhoedd yw rhoi lle ar-lein i ddieithriaid ysbrydoli ei gilydd a rhannu newyddion a syniadau. Mae rhai mwy preifat yn canolbwyntio ar sgyrsiau dyddiol a diweddariadau rhwng ffrindiau.

Pa fath bynnag o ap byddi di yn ei ddefnyddio, rwyt ti'n gallu defnyddio'r cyfryngau cymdeithasol i **gysylltu** â <u>llawer mwy o bobl nag y byddai'n bosib wyneb yn wyneb.</u> Mae gan y cyfryngau cymdeithasol fanteision os wyt ti eisiau cysylltu â llawer o bobl.

Mae'n bosib:

- Gwneud ffrindiau gyda phobl yn unrhyw le, hyd yn oed ar ochr arall y byd.

- Dysgu pob math o sgiliau newydd drwy fideos 'sut i wneud' cartref.

- Dod o hyd i eraill sy'n rhannu'r un diddordeb neu angerdd â ti, a chreu clwb ar-lein neu ymuno ag un.

- Cyrraedd cynulleidfa ehangach os wyt ti'n codi arian, neu os wyt ti am godi ymwybyddiaeth o achos lleol neu genedlaethol sy'n agos at dy galon.

- Gweld syniadau, lluniau a fideos wedi'u postio gan bobl enwog.

- Rhannu lluniau a fideos o bethau rwyt ti wedi eu creu neu eu gwneud, a denu llawer o adborth defnyddiol neu gadarnhaol.

- Gwylio lluniau a fideos o bob math o bethau doniol a chlyfar mae pobl wedi eu creu neu eu gwneud, na fyddet ti byth wedi meddwl amdanyn nhw.

17

Oes yna anfanteision?

Pa apiau bynnag rwyt ti'n eu defnyddio, bydd sawl sgwrs yn digwydd ar yr un pryd. Mae'n gallu teimlo fel bod **PAWB** ar y cyfryngau cymdeithasol, gan gynnwys dy holl ffrindiau.

Er bod sgwrsio a chwerthin gyda dy ffrindiau fel hyn yn hwyl, **mae yna anfanteision** o gael dy sgyrsiau wedi eu cofnodi ar-lein.

Mae'n hawdd anghofio beth mae rhywun wedi ei ddweud wyneb yn wyneb neu dros y ffôn, <u>ond mae copi wrth gefn o bopeth rwyt ti'n ei bostio ar-lein yn cael ei gadw yn rhywle</u>. Mae pobl hefyd yn gallu lawrlwytho dy luniau a dy fideos, neu gymryd sgrinluniau o dy negeseuon.

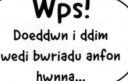

Wps!
Doeddwn i ddim wedi bwriadu anfon hwnna...

CLIC

Mae hynny'n golygu, os wyt ti'n postio neu'n rhannu rhywbeth rwyt ti'n ei ddifaru yn ddiweddarach, hyd yn oed os wyt ti yn ei ddileu, efallai y bydd cofnod ohono am byth.

Galli di ddysgu mwy am hyn ym **Mhennod 3**.

Mae agweddau eraill llai hwyliog ar y cyfryngau cymdeithasol yn cynnwys:

- ☹ Sylw diangen gan bobl ddieithr.
- ☹ Beirniadaeth a barn negyddol am dy negeseuon.
- ☹ Bwlio ar-lein.
- ☹ Gweld pethau y byddai'n well gennyt ti beidio â'u gweld.
- ☹ Anodd osgoi iaith gref a chynnwys sarhaus.
- ☹ Hysbysebion diddiwedd.
- ☹ Cymharu cyson â phobl eraill (sy'n gallu effeithio ar dy iechyd meddwl).
- ☹ Gweld llai o dy ffrindiau a dy deulu wyneb yn wyneb.

Ydy o'n iawn i fi?

Gyda chymaint o apiau cyfryngau cymdeithasol gwahanol a ffyrdd gwahanol o'u defnyddio – heb sôn am farn wahanol ffrindiau a rhieni am y pethau y dylet ti ac na ddylet ti eu gwneud ar y cyfryngau cymdeithasol – mae'r cyfan yn gallu teimlo'n **llethol.**

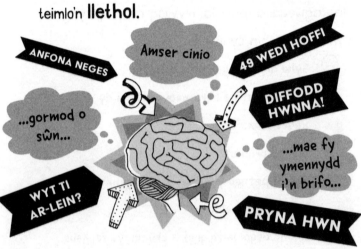

Mae'r cyfryngau cymdeithasol yn rhan o fywyd pob dydd i lawer o bobl, felly hyd yn oed os dwyt ti ddim yn bwriadu defnyddio rhyw lawer arnyn nhw (neu ddim o gwbl), mae'n werth i ti wybod sut i'w defnyddio'n **ddiogel,** fel nad wyt ti a dy ffrindiau yn wynebu anawsterau yn y dyfodol.

Creu a defnyddio dy gyfrif yn ddiogel

Os wyt ti'n penderfynu dy fod ti eisiau ymuno â'r cyfryngau cymdeithasol (ac yn sicr, does dim rhaid i ti), meddylia sut rwyt ti am eu defnyddio. Mae dewis ANFERTH o apiau ar gael. Gallet ti ddefnyddio un ap yn unig, neu ychydig ohonyn nhw. Mae rhai'n canolbwyntio ar rannu fideos, rhai ar rannu lluniau, ac mae rhai yn wych ar gyfer dim byd mwy na sgwrsio neu chwarae gemau ar-lein.

21

Mae apiau cyfryngau cymdeithasol ar gael i'w lawrlwytho am ddim, ond mae'n rhaid i ti fod **DROS 13** oed i allu creu cyfrif cyfryngau cymdeithasol. Yn aml, mae angen caniatâd rhiant i greu cyfrif os wyt ti **DAN 18 OED.** Os wyt ti am ymuno â'r cyfryngau cymdeithasol, trafoda'r apiau rwyt ti am eu defnyddio gyda dy rieni neu dy ofalwyr.

Ymuno

Yn aml, rwyt ti'n ymuno gyda chyfeiriad e-bost a chyfrinair. <u>Gofala fod dy gyfrinair yn un **cryf**</u>, sy'n cynnwys rhifau, cymysgedd o briflythrennau a llythrennau bach, ac o leiaf un symbol. Dylai fod yn rhywbeth rwyt ti'n gallu'i gofio, ond heb fod yn rhy amlwg.

Mae cyfrinair cryf yn hanfodol oherwydd bod rhai hacwyr yn ceisio gweithio allan cyfrineiriau pobl i gymryd drosodd eu cyfrifon.

Gyda'r rhan fwyaf o apiau, rwyt ti'n gallu aros wedi dy fewngofnodi, felly mae'r ap yn cofio dy gyfrinair. Mae hyn yn gyfleus, OND dydy o ddim mor ddiogel â mewngofnodi bob tro rwyt ti'n agor yr ap. Dwyt ti ddim am i rywun ddefnyddio dy ffôn yn slei bach a phostio rhywbeth ar dy gyfryngau cymdeithasol gan esgus bod yn TI.

Hi! Hi! Dwi'n mynd i godi cywilydd ar fy chwaer!

Cyflwyno dy hun

Nesaf, mae angen enw defnyddiwr arnat ti – yr enw y bydd pobl eraill yn ei weld ar yr ap. Mae'n well <u>peidio â defnyddio dy enw dy hun.</u> Ar y rhan fwyaf o apiau, rwyt ti'n gallu dewis UNRHYW BETH fel dy enw defnyddiwr.

Dwi'n mynd i fod yn HeliwrTeirw!

Enw fy nghyfri i fydd EfaHiaFoaNhw.

Dwi'n dewis BarcudBiBi.

Www! Wn i am un da! Miss.Medi.

Ar y rhan fwyaf o apiau, rwyt ti wedyn yn gallu creu dy broffil dy hun, ardal sy'n gyfan gwbl amdanat **TI**. Ti sydd i ddewis beth rwyt ti am ei roi yno, fel llun neu rhithffurf – *avatar* a bywgraffiad – *bio* – yn sôn am dy ddiddordebau.

EfaHiaFoaNhw

Efa ydw i. Dwi wrth fy modd gyda chwaraeon o BOB math, yn enwedig hoci a chriced.

Fy hoff fwyd ydy sbageti a phelenni cig!! Mmm :)

Mae rhai apiau'n cynnig ffurflen gyda llawer o gwestiynau i'w hateb, i greu proffil manylach, fel dy oedran, rhywedd neu ble rwyt ti'n byw. **PAID** â **rhoi unrhyw wybodaeth bersonol o'r math yna ar dy broffil.** Mae dy ffrindiau'n gwybod hynny eisoes, a dydy o ddim yn fusnes i ddieithriaid.

Preifatrwydd, os gwelwch yn dda!

Pa ap bynnag y byddi di yn ei ddefnyddio, bydd dy gyfrif yn un cyhoeddus i ddechrau. Mae hyn yn golygu y bydd UNRHYW UN sy'n defnyddio'r ap yn gallu gweld dy broffil a dy negeseuon, gan gynnwys dieithriaid, oni bai dy fod ti'n **edrych yn ofalus ar dy osodiadau preifatrwydd.**

Mae gan apiau osodiadau a nodweddion preifatrwydd gwahanol, felly ar bob ap, mae'n werth i ti edrych ar osodiadau – *settings* – dy gyfrif.

Efallai y byddi di'n gallu:

- Dewis 'ffrindiau yn unig' yn dy osodiadau preifatrwydd, fel mai dim ond y bobl rwyt ti wedi dewis cysylltu â nhw ar yr ap — dy enwau cyswllt — fydd yn gallu gweld unrhyw beth rwyt ti'n ei bostio.

- Dewis gosodiad sy'n golygu mai dim ond ffrindiau ac enwau cyswllt fydd yn gallu anfon neges breifat (neu uniongyrchol) atat ti.

  Mae rhagor am negeseuon uniongyrchol ym Mhennod 13.

- Cyfyngu ar faint o dy broffil mae pobl yn gallu'i weld os dydyn nhw ddim ar dy restr o enwau cyswllt.

 Os dwyt ti ddim yn siŵr, dewisa'r gosodiadau preifatrwydd mwyaf llym sydd ar gael. Mae'r cyfan wedi'i gynllunio i dy amddiffyn di rhag cysylltiad gan ddieithriaid, a ti sy'n rheoli beth sy'n digwydd wrth i ti ddefnyddio'r cyfryngau cymdeithasol.

Paid â datgelu gormod

Hyd yn oed os wyt ti'n defnyddio'r gosodiadau preifatrwydd mwyaf llym, mae rhai pethau ddylet ti **BYTH** eu postio, fel:

- **X** dy rif ffôn
- **X** dy gyfeiriad cartref
- **X** manylion dy gyfrif banc
- **X** lle rwyt ti'n cuddio allwedd sbâr y tŷ!

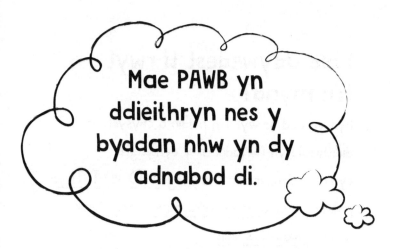

Mae PAWB yn ddieithryn nes y byddan nhw yn dy adnabod di.

Cofia **STOPIO** a **MEDDWL** bob amser cyn derbyn unrhyw gais i gysylltu ar y cyfryngau cymdeithasol. Mae ychwanegu rhywun fel ffrind neu enw cyswllt yn golygu ei fod yn gallu gwneud sylwadau ar dy holl luniau a gweld beth rwyt ti'n ei wneud.

Bydda mor ofalus yn dewis dy ffrindiau ar-lein ag yr wyt ti wyneb yn wyneb. Paid â phoeni am ymddangos yn anghwrtais drwy wrthod cais gan rywun dwyt ti ddim wedi'i gyfarfod wyneb yn wyneb. Mae'n ddigon anodd gwneud amser i dy ffrindiau go iawn!

I ble ddywedest ti rwyt ti'n mynd?

Hyd yn oed os wyt ti'n peidio â chysylltu â dieithriaid yn fwriadol ar y cyfryngau cymdeithasol, mae'n **bwysig** <u>NAD WYT TI</u> <u>yn postio gwybodaeth a allai adael i ddieithryn ddod o hyd i ti all-lein.</u>

Paid â sôn am dy gartref na'r ysgol, na phostio lluniau ohonyn nhw, a phaid â thagio dy leoliad pan wyt ti allan. Gwiria osodiadau dy ap eto i ofalu nad yw'n tagio dy leoliad yn awtomatig.

Dwi yn y parc ar Lôn y Dail.

Meddylia am breifatrwydd a diogelwch dy ffrindiau hefyd. Paid â thagio'u lleoliad nhw, na phostio lluniau na fideos ohonyn nhw heb eu caniatâd.

CADWA'N DDIOGEL

Mae rhai apiau'n cynnwys mapiau gyda'r bwriad i bobl dagio eu lleoliad i weld ble mae'r siop goffi agosaf, a phwy arall sy'n agos er mwyn gallu trefnu i gyfarfod. Mae hyn yn swnio'n hwyl, ac mae'n braf cael 'dilynwyr' ar-lein, <u>ond dwyt ti ddim eisiau cael dy ddilyn i unman go iawn.</u> Felly mae'n syniad da i BEIDIO â defnyddio'r nodweddion hyn.

IgwanaUnigryw

Newydd sylweddoli bod gen i 273 o ffrindiau ar y cyfryngau cymdeithasol! Ha-ha. Poblogaidd.

EfaHiaFoaNhw

Ha. Dwi wedi dileu llwyth o fy rhai i. Gormod o luniau o swper pobol...

IgwanaUnigryw

Ie, dwi ddim yn nabod eu hanner nhw.

EfaHiaFoaNhw

Dylet ti fynd drwyddyn nhw a chael gwared ar rai. Clirio'r llanast!

IgwanaUnigryw

Mmmm, byddwn i'n teimlo'n euog... beth os ydyn nhw'n sylwi?

EfaHiaFoaNhw

Dwyt ti ddim eisiau llwyth o ddieithriaid yn gweld popeth, wyt ti?

Dy bersona a dy enw da ar-lein

Pwy wyt ti ar-lein

<u>Bob tro rwyt</u> ti'n postio ar y cyfryngau cymdeithasol, rwyt ti'n ychwanegu at y syniadau sydd gan bobl amdanat ti. Dyma dy **bersona,** sef y bersonoliaeth rwyt ti'n ei chyflwyno i eraill ar-lein. Oherwydd ei fod yn rhywbeth rwyt ti'n ei greu, mae'n demtasiwn gwneud y persona yn fersiwn well ohonot ti dy hun.

Ai dyma'r fi go iawn?

Os yw dy negeseuon i gyd yn sôn amdanat ti – hunluniau diddiwedd, er enghraifft – gallet ti roi'r argraff bod gennyt ti dipyn o feddwl ohonot ti dy hun. Os wyt ti'n rhannu a thrafod pethau heblaw **ti, ti, ti** drwy'r amser, mae'n bosib y cei di fwy o ymateb cadarnhaol i dy negeseuon nag y byddet ti os wyt ti'n trio'n rhy galed i ddangos dy hun.

Uchafbwyntiau'n unig

<u>Fersiwn wedi'i golygu</u> o dy fywyd yw dy broffil cyfryngau cymdeithasol. Rydyn ni'n deall bod gennyt ti awydd i ddangos lluniau ffafriol a theithiau hwyliog a chael cyfle i frolio.

Ond os wyt **TI** yn gallu dewis a dethol beth rwyt ti'n ei bostio, gall pobl eraill wneud hynny hefyd. Dydy pawb ddim mor **hapus, poblogaidd** na **llwyddiannus** ag y maen nhw'n ymddangos ar y cyfryngau cymdeithasol. Dydy lluniau, yn enwedig, ddim yn dweud y gwir i gyd.

Nid ti yw'r unig un sy'n gallu teimlo'n drist, yn ddiflas, yn hyll neu'n dipyn o fethiant ar brydiau. Mae'n bosib y bydd pobl yn edrych ar dy broffil DI ac yn meddwl bod gennyt ti fywyd perffaith, a bod dim byd byth yn mynd o'i le i ti, sy'n annhebygol o fod yn wir!

Persona ffug

Os yw rhywun yn postio llawer o fideos o gathod yn gwneud pethau doniol, rwyt ti'n siŵr o feddwl eu bod nhw'n hoffi cathod. Eu persona yw rhywun siriol sy'n hoffi cathod.

Ych. Dwi'n CASÁU cathod.

Fel pobl, rydyn ni'n eitha diog wrth benderfynu sut natur sydd gan rywun. Felly mae creu persona ar-lein penodol yn eitha hawdd, ond gallai hwnnw fod yn **hollol wahanol** i'r person go iawn.

Wyt ti wedi clywed y dywediad yma? "Ar-lein, does neb yn gwybod mai ci wyt ti." Mae hyn yn golygu bod UNRHYW UN yn gallu esgus bod yn rhywun arall ar y cyfryngau cymdeithasol.

Efallai yr hoffet ti greu'r argraff dy fod yn berson cwbl wahanol ar y cyfryngau cymdeithasol – creu 'delwedd gyhoeddus' benodol, neu gymeriad hollol wirion. Ond cofia – os wyt ti'n creu cymeriad dychmygol ar y cyfryngau cymdeithasol, mae'n bosib bod pobl eraill yn gwneud hynny hefyd.

Darllena **Benodau 13 ac 14** i ddysgu mwy am gadw dy hun yn ddiogel rhag oedolion sy'n rhoi'r argraff eu bod nhw'n rhywun arall.

Gwarchod dy enw da

Mae dy ddelwedd ar-lein yn fwy na dim ond casgliad o negeseuon, lluniau a fideos. Mae dy ymddygiad ar y cyfryngau cymdeithasol, a beth mae pobl eraill yn ei ddweud amdanat ti, hefyd yn rhan ohoni. Mae dy ddelwedd ar-lein yn creu **enw da,** ac mae'r hyn rwyt ti'n ei wneud ar-lein yn gadael (ôl troed digidol). Mae'n anodd dileu olion traed digidol, felly mae camgymeriadau yn gallu dy ddilyn.

Gor-rannu

Mae'r cyfryngau cymdeithasol yn gallu teimlo fel lle preifat i gyffesu pethau, <u>ond dydy o ddim go iawn.</u> Er bod modd i ti addasu dy osodiadau preifatrwydd fel mai dim ond dy enwau cyswllt sy'n gallu gweld dy negeseuon, dwyt ti ddim yn gallu rheoli'r hyn maen nhw'n ei rannu wedyn. Mae hynny'n golygu y gallai **unrhyw beth rwyt ti'n ei bostio** gael ei rannu y tu hwnt i dy gylch ffrindiau, ar draws y cyfryngau cymdeithasol.

Wna i anfon hwn at ychydig bach o ffrindiau...

Ha! Wedi rhannu.

WAW! Mae hwn yn rhy dda i beidio'i rannu!

Bydda'n ofalus wrth bostio lluniau a fideos a allai godi cywilydd arnat ti, neu rywun arall, petaen nhw'n cael eu rhannu'n ehangach.

Na!

39

Rhestr wirio 'Ydw i wir eisiau postio hwn?'

☐ Fyddet ti'n poeni petai dy nain/dy elyn pennaf/dy ddarpar gariad yn gweld hyn?

☐ Os wyt ti'n sôn am rywun, fyddet ti ddim yn dweud hyn yn ei wyneb?

☐ Petaet ti'n ymgeisio am swydd neu am le ar gwrs, fyddet ti'n teimlo cywilydd petai'r bobl sy'n dy gyfweld yn gweld hwn?

☐ Wyt ti'n un sy'n mynd i boeni wedyn am beth rwyt ti wedi'i bostio?

Os wyt ti wedi ticio **UNRHYW UN** o'r rhain, dydy hi <u>DDIM</u> yn werth postio.

Beth, yr hen beth yna?

Efallai dwyt ti ddim yn meddwl y bydd dy neges yn creu problem nawr, ond mae'n werth i ti ystyried a fydd hynny'n wir yn y dyfodol. Dydy hen negeseuon ddim yn cael eu dileu'n awtomatig. Mae hynny'n golygu bod **unrhyw beth rwyt ti'n ei roi ar-lein yn aros yno,** a bod peryg y bydd darpar gariad, rhywun a fydd yn dy gyfweld am swydd neu hyd yn oed dy wyrion yn ei weld rywbryd.

> Fel newydd, 300 mlynedd yn ddiweddarach!

Chwilia am dy enw dy hun ar-lein, ac mae'n bosib y cei di dy synnu. Mae negeseuon ar y cyfryngau cymdeithasol yn gallu ymddangos mewn rhai chwiliadau ar-lein, felly mae'n bosib y gallai athrawon, rhieni ac oedolion eraill weld rhywbeth DWYT TI WIR DDIM am iddyn nhw ei weld.

5 MLYNEDD YN ÔL...

Pan fyddi di'n hŷn, fe allai fod yn anodd i ti gael gwared ar yr enw ar-lein rwyt ti'n ei ddatblygu nawr. Mae rhai cwmnïau, ysgolion, elusennau a chyflogwyr eraill yn **gwirio cefndir cyfryngau cymdeithasol** ymgeiswyr maen nhw'n eu cyfweld ar gyfer swydd. Mae'n bosib na chei di dy gyflogi oherwydd hen neges gennyt ti ar y cyfryngau cymdeithasol, waeth <u>pa mor bell yn ôl</u> roedd hi. Os yw'r dewis rhyngot ti ac un arall am y swydd, fe allai penderfyniad terfynol y cwmni fod ar sail dy bersona ar-lein.

Bydda'n ystyriol

Meddylia am enw da pobl eraill hefyd. Os wyt ti'n ysgrifennu rhywbeth anghwrtais neu gelwyddog am rywun, neu'n postio llun neu fideo a fydd yn codi cywilydd arnyn nhw, rwyt ti'n eu rhwystro nhw rhag gallu bod yn gyfrifol am eu henw da ar-lein, a dydy hynny ddim yn deg.

Pam gwnaeth hi bostio hynna?

#nid_dyna_ydw_i_nawr

Os oes rhywbeth difrifol o wallus amdanat ti ar-lein, mae'n bosib y bydd modd ei ddileu o chwiliadau (ond nid o'r rhyngrwyd).

Mae gwybodaeth ynglŷn â gofyn i beiriannau chwilio ddileu dolenni amdanat ti ar gael yn **Usborne Quicklinks**. (Edrycha ar dudalen 4.)

Adfer dy enw da

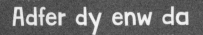

Os wyt ti wedi rhoi'r gorau i ddefnyddio ap cyfryngau cymdeithasol, neu safle arall, fe ddylet ti **ddiffodd** – *deactivate* – **dy broffil** (yn 'gosodiadau'). Os nad yw hen negeseuon yn cynrychioli pwy wyt ti erbyn hyn, mae'n syniad i ti eu dileu, os yw hynny'n bosib. Mae hynny hefyd yn wir am safleoedd ac apiau lle dwyt ti ddim yn postio o dan dy enw go iawn – mae'n bosib y bydd rhywun yn dal i allu dod o hyd i'r cysylltiad rhwng y cyfrif hwnnw a ti.

Mr Siôn,
ai chi oedd
'Y Cysgod'?

Ydy o wedi mynd GO IAWN?

Mae'r rhan fwyaf o apiau yn gadael i ti ddileu neges, ond yn anffodus dydy hynny <u>ddim</u> yn golygu bod y neges wedi diflannu'n llwyr.

Efallai y bydd pobl eraill wedi ei rhannu, neu wedi postio sgrinlun ohoni. Hefyd, mae cwmnïau cyfryngau cymdeithasol yn creu copi wrth gefn o'u (data), yn rheolaidd, gan gynnwys eitemau wedi'u dileu.

Felly... mae bob amser yn well **pwyllo** na **difaru** –

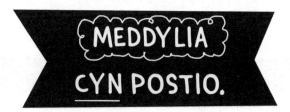

MEDDYLIA CYN POSTIO.

BarcudBiBi

Aaaa!! Mae Siân wedi 'nhagio i yn llun MWYA' GWIRION y llynedd.

PenselFiniog

Yr un yn ei pharti pen-blwydd? Gofyn iddi ei ddileu o rŵan!

BarcudBiBi

'Di anfon neges ati. Dwi wir ddim isio i neb yn fy ysgol newydd i weld hwnna!

PenselFiniog

Bydd popeth yn iawn :-)

BarcudBiBi

Gobeithio. Fydd fy mòs yn y caffi ddim yn rhy hapus chwaith.

PenselFiniog

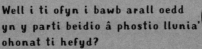
Well i ti ofyn i bawb arall oedd yn y parti beidio â phostio llunia' ohonat ti hefyd?

Rheoli dy gyfryngau cymdeithasol

Postio dy feddyliau a dy deimladau

Un o fanteision y cyfryngau cymdeithasol yw dy fod ti, pan mae rhywbeth hapus neu drist yn digwydd i ti, **yn gallu rhoi gwybod i dy ffrindiau I GYD ar yr un pryd.** Mae dy gyfryngau cymdeithasol fel rhyw fath o hysbysfwrdd amdanat ti.

 Dwi wedi ennill cystadleuaeth cyfansoddi!

Ddylai Dani yn bendant *DDIM* fod wedi colli'r bleidlais.

 Rhywun arall yn nerfus am y gêm yfory?

Ond cyn i ti bostio, meddylia pa ymateb rwyt ti'n chwilio amdano, neu a oes eisiau ymateb o gwbl arnat ti. Wyt ti eisiau dechrau sgwrs neu drafodaeth?

EfaHiaFoaNhw. 25 mun. yn ôl

Wel, gallai HYNNY fod wedi mynd yn well...

Os wyt ti'n sôn dy fod ti'n cael diwrnod gwael, efallai y bydd sylwadau cadarnhaol ac (**emojis**) gan bobl yn codi dy galon.

He1iwrTeirw. 12 mun. yn ôl

Dyna'n UNION roeddwn i'n ei feddwl!

Ond os yw hi'n neges am rywbeth sy'n agos at dy galon di, efallai y byddi di'n digio at sylwadau negyddol. Gyda rhai apiau cyfryngau cymdeithasol, galli di **analluogi** – *disable* – **sylwadau** ar gyfer rhai negeseuon.

Beth am...?

Os oes gennyt ti syniadau a barn bendant am bwnc, beth am ysgrifennu (blog)*, yn hytrach nag ysgrifennu negeseuon hir ar y cyfryngau cymdeithasol? Gallet ti gynnwys dolen iddo fel bod dy ffrindiau a dy enwau cyswllt yn gwybod amdano. Byddai ffrindiau a dieithriaid yn dal i allu gadael sylwadau, rhannu syniadau, canmol neu feirniadu oni bai dy fod ti'n analluogi sylwadau ar gyfer y blog cyfan.

BLOG AM FFILMIAU

- da a gwael
- dylunio gwisgoedd
- effeithiau arbennig

 FFILMIAU GWAEL
- Pryfed Cop Drwg
- Achub Anaconda
- Siglen Lonydd
- Sôn am Syndod

FFILMIAU DA
- Amser yr Arwr
- Duwiau Taran
- Bywyd Madfall
- Dim ond Ti

*Dysga fwy am hyn yn
Usborne Quicklinks, ar dudalen 4.

50

Mae'n gallu dy wylltio pan mae ffrind yn postio neges ryfedd, ddramatig neu ddirgel... ond ddim yn ateb cwestiwn amdani wedyn. Paid â phostio rhywbeth yn gyhoeddus os wyt ti'n gwybod y bydd yn ysgogi llawer o gwestiynau, a thithau ddim eisiau sôn am y peth go iawn.

Darllena **Bennod 17** am wybodaeth am ffyrdd gwell o gael help.

 # Chwilio am ddilysiad

Ystyr dilysiad yw 'derbyn a chymeradwyo'. Mae'n naturiol dy fod ti am i dy ffrindiau dy hoffi a dy gynnwys, ac yn malio am farn pobl eraill amdanat ti. Ond mae rhwydweithiau'r cyfryngau cymdeithasol mor fawr, gallet ti fod yn chwilio am ddilysiad gan gefnder ffrind chwaer cyn-gariad doeddet ti erioed wedi **clywed amdano** tan ddeng munud yn ôl!

Pam nad yw Chris wedi hoffi fy neges i eto?

Pan mae nifer fawr o bobl yn hoffi ac yn rhannu dy negeseuon, gall hyn roi **hwb** i dy hunanhyder. Ond gall dim ond ychydig o'r rhain fod yn **ergyd** i dy hunanhyder. Mae'n dy flino di'n llwyr!

Mae cymaint o ffyrdd o chwilio am ddilysiad ar y cyfryngau cymdeithasol ac mae'n bosib **dwyt ti ddim yn sylweddoli dy fod ti'n gwneud hynny.** Os yw'r cyfryngau cymdeithasol yn gwneud i ti deimlo'n wael amdanat ti dy hun weithiau, rhaid i ti gymryd seibiant. Paid â rhoi dy hapusrwydd yn nwylo pobl dwyt ti ddim yn eu hadnabod, nac yn dy adnabod di y tu hwnt i dy bersona ar-lein. Canolbwyntia ar bethau sy'n gwneud i ti deimlo'n **hyderus,** sydd ddim yn dibynnu ar farn pobl eraill.

Dwi MOR DDA am wneud hyn!

Dy ffrindiau

P'un a wnest ti ymuno â'r cyfryngau cymdeithasol er mwyn cadw mewn cysylltiad â dy ffrindiau, neu i wneud ffrindiau ar-lein newydd, bydd y bobl rwyt ti'n dewis cysylltu â nhw ar y cyfryngau cymdeithasol yn effeithio ar sut rwyt ti'n teimlo o ddydd i ddydd.

Efallai y byddi di'n cryfhau dy gyfeillgarwch â rhywun rwyt ti newydd ei gyfarfod wyneb yn wyneb, neu rywun dwyt ti ddim yn ei adnabod yn dda iawn, drwy rannu fideos o bethau doniol.

Neu efallai dy fod ti'n ymlacio gyda dy ffrindiau ar-lein wrth chwarae gêm gyda'ch gilydd ar ôl diwrnod anodd yn yr ysgol.

Gall cysylltu â phobl eraill drwy'r cyfryngau cymdeithasol wneud i ti deimlo'n dda mewn sawl ffordd. Ond fel mae'n bosib ffraeo gyda dy ffrindiau go iawn, mae'n hawdd ffraeo gyda ffrindiau ar y cyfryngau cymdeithasol. Camddeall rhywbeth, efallai, neu dagio rhywun mewn memyn sy'n ei bechu, neu anghytuno'n llwyr â neges ffrind.

Os byddi di fyth yng nghanol dadl ar-lein neu'n postio rhywbeth rwyt ti'n ei ddifaru, ymddiheura ac, os wyt ti'n gallu, trefna gyfarfod dy ffrind i drafod y mater. Mae datrys problem wyneb yn wyneb yn haws o lawer.

Mae pethau wedi mynd yn rhy bell...

Os wyt ti'n poeni am neges ffrind, neu am rywbeth mae'n ei ddweud ar-lein, mae awgrymiadau ar sut i helpu ar gael yn **Usborne Quicklinks** (tudalen 4).

FFONIO ALED...

Gallai galwad ffôn neu sgwrs wyneb yn wyneb ddatrys unrhyw ddryswch neu gamddealltwriaeth yn rhwydd.

Sut hwyl sy arnat ti?

Mae bod ar y cyfryngau cymdeithasol yn gallu dy helpu i deimlo **cysylltiad â phobl eraill**. Mae hefyd yn gallu gwneud i ti deimlo dy fod ti'n cystadlu â rhai eraill sydd â phersona ar-lein gwych yr olwg. Mae cymharu drwy'r amser yn gwneud i rywun deimlo'n israddol, a dydy hynny ddim yn deimlad braf o gwbl.

Yn ffodus, mae sawl lle i droi am help os yw'r cyfryngau cymdeithasol yn gwneud i ti deimlo'n unig. **Dwyt ti ddim ar dy ben dy hun** – beth bynnag rwyt ti'n ei deimlo, mae eraill wedi bod trwy hynny hefyd AC wedi cael help ar ei gyfer. Darllena **Bennod 17** i gael rhagor o wybodaeth.

Amserlen cyfryngau cymdeithasol

Mae'n bosib y byddi di'n teimlo dy fod ti'n gorfod sgrolio drwy ap yn gyson rhag ofn i ti golli rhywbeth doniol neu ddiddorol.

Os wyt ti ar fwy nag un ap, efallai na fydd digon o oriau yn y dydd i weld popeth!

Hen dro na alla' i gysgu gyda fy llygaid ar agor.

Cofia ofalu amdanat TI DY HUN, yn ogystal â dy ffôn.

Rho'r ffôn ar *silent*, neu'n well fyth, paid â chadw dy ffôn yn dy lofft dros nos er mwyn i ti gael rhywfaint o gwsg. Does dim rhaid ymateb AR UNWAITH ar y cyfryngau cymdeithasol. Meddylia amdano fel cyrraedd parti yn ffasiynol o hwyr. Rwyt ti'n brysur iawn, felly gall y <u>ddadl ar y cyfryngau</u> <u>cymdeithasol aros am dy ymateb.</u>

Blaenoriaethu'r byd go iawn

Os oes gennyt ti **obsesiwn** am edrych ar dy ffôn neu feddwl am dy neges nesaf, mae'n bosib dy fod ti fymryn yn GAETH i'r cyfryngau cymdeithasol. Po fwyaf o amser rwyt ti'n ei dreulio ar-lein, y lleiaf o amser rwyt ti'n ei dreulio yn siarad â phobl wyneb yn wyneb neu'n gwneud gweithgareddau hwyliog sy'n dda i'r ymennydd a'r corff.

Mae'n bwysig peidio ag esgeuluso dy deulu (maen nhw'n dy garu di!) nac unrhyw berthynas go iawn arall. Dydy'r cyfryngau  cymdeithasol byth yn well na chwtsh go iawn (nac yn gallu cymryd lle dy waith ysgol di).

Pan fyddi di'n treulio cymaint o amser yn postio am yr hyn rwyt ti'n ei wneud, mae'n bosib i ti anghofio gwerthfawrogi dy amser **ALL-LEIN.** Rho dy ffôn o'r neilltu weithiau ac, **yn lle cofnodi'r ennyd, ei <u>mwynhau</u>.**

Dwi mor flinedig.

Mwynha seibiant bach.

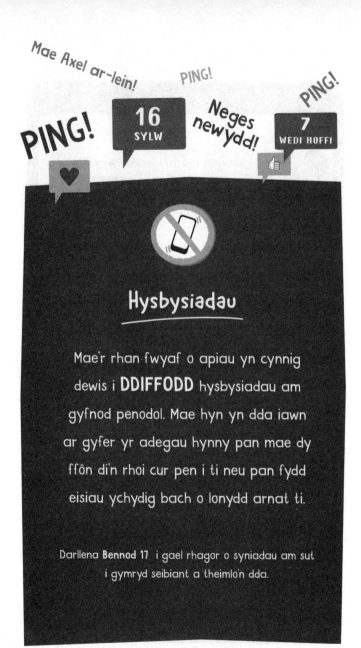

Mae Axel ar-lein! PING! PING! PING!

16 SYLW

Neges newydd!

7 WEDI HOFFI

Hysbysiadau

Mae'r rhan fwyaf o apiau yn cynnig dewis i **DDIFFODD** hysbysiadau am gyfnod penodol. Mae hyn yn dda iawn ar gyfer yr adegau hynny pan mae dy ffôn di'n rhoi cur pen i ti neu pan fydd eisiau ychydig bach o lonydd arnat ti.

Darllena **Bennod 17** i gael rhagor o syniadau am sut i gymryd seibiant a theimlo'n dda.

EfaHiaFoaNhw

35 munud ers i fi bostio neges a does neb o gwbl wedi gwneud sylw :-(

Miss.Medi

Falle doedden nhw ddim yn gwybod beth i'w ddweud? Mae'n gymhleth. xx

EfaHiaFoaNhw

Dwi'n teimlo mor wael, dwi eisiau gwybod bod pobol yn cytuno efo fi.

Miss.Medi

O Efa, ti angen DIANC o'r cyfryngau cymdeithasol. Bach o awyr iach? x

EfaHiaFoaNhw

Ia, ti'n iawn.

Miss.Medi

Beth am i fi ddod draw? Gawn ni sgwrs gall. Caru ti. xxx

Sut i osgoi helynt

Oherwydd dy fod ti'n gwybod na fyddi di byth, fwy na thebyg, yn cyfarfod â'r bobl rwyt ti'n siarad â nhw ar-lein, mae hyn yn gallu gwneud i ti **ddweud pethau mwy mentrus.** Wrth bostio neges gyhoeddus ar dy gyfryngau cymdeithasol, mae'n hawdd anghofio faint o bobl allai ei gweld.

Yn union fel bywyd go iawn, mae **canlyniadau** i'r hyn rwyt ti'n ei wneud ar-lein hefyd. Gallet ti fynd i helynt ar y cyfryngau cymdeithasol – o dy gael dy hun mewn ffrae, i dorri'r gyfraith.

Oes rhywun yn gwybod?

Mae apiau cyfryngau cymdeithasol sydd ar gyfer y cyhoedd yn ffordd wych o ddenu pobl sy'n rhannu'r un diddordeb a'i drafod mewn fforwm . Os oes rhywun eisiau sôn am bwnc penodol, neu ofyn cwestiwn, maen nhw'n gallu dechrau trafodaeth a chael llawer o atebion. Edefyn trafod – *discussion thread* – yw'r enw ar hyn.

Help! Dwi wedi colli pwyth!

Paid â becso, fydd e ddim gwaeth.

Gwna iddo fo i edrych fel rhan o'r patrwm.

CLAC
CLAC
CLAC
CLAC

Sut i beidio â gwylltio pobl ar edefyn trafod

PAID Â SBAMIO

...hynny yw, paid â gwneud yr un sylw drosodd a throsodd, neu bostio neges amherthnasol. Os wyt ti eisiau newid y pwnc, dechreua edefyn trafod newydd a phostia dolen iddo. Mae sgyrsiau'n gallu aros ar y trywydd iawn wedyn.

SHH, SBWYLIWR

Weithiau, mae perygl y bydd manylion am stori, ffilm neu sioe deledu yn cael eu datgelu ac mae'n well gan rai pobl beidio â'u gweld. Os wyt ti am drafod beth sy'n digwydd mewn pennod neu raglen, dechreua dy neges gyda:

/ RHYBUDD - SBWYLIWR /

i rybuddio pobl sydd ddim eisiau gwybod beth sy'n digwydd!

Peidio â gwylltio

Fydd pawb ddim yn cytuno â dy farn neu dy safbwynt. Hyd yn oed os wyt ti'n siarad â phobl dwyt ti ddim yn eu hadnabod, maen nhw'n dal i fod yn <u>bobl go iawn â theimladau</u>. Paid â chwerthin na rhegi arnyn nhw – **bydda'n barchus** pryd bynnag rwyt ti'n ymateb i farn rhywun arall. Os wyt ti'n anghytuno, paid â throi'r sefyllfa yn un bersonol.

Os yw rhywbeth yn dy wylltio, treulia beth amser i **bwyllo** cyn gwneud sylw. Dos am dro, gwna ddiod boeth. MEDDYLIA – oes wir angen i ti bostio neu wneud sylw ar hyn?

Paid â dilyn y dorf

Os oes rhywun arall yn dweud rhywbeth sy'n gas neu'n wirion yn dy farn di, y peth hawsaf yn y byd yw ymuno ag edefyn o sylwadau sy'n eu beirniadu nhw. Ond mae'r **holl sylwadau'n cronni,** ac er y byddi di'n anghofio dy sylw byrbwyll di, mae'n bosib na fydd yr un sy dan y lach yn anghofio.

Un sylw gwirion oedd o, dim byd mwy!

Rydyn ni i gyd wedi dweud pethau dydyn ni ddim yn eu golygu, neu rywbeth a ddaeth allan o chwith. Os wyt ti'n dweud rhywbeth rwyt ti'n ei ddifaru, **ymddiheura** cyn gynted â phosib a cheisia **ddileu'r** neges neu'r sylw.

Darllen yn unig

Un o'r ffyrdd gorau o gadw allan o ddadleuon ar-lein yw dewis dweud dim byd. Does DIM rhaid i ti fynegi barn ar bob un llun, na bod yn rhan o bob trafodaeth. **Does dim byd o'i le ar BEIDIO ag ymuno mewn drama ar y cyfryngau cymdeithasol.** Mae hyn yn llawer llai o straen, a ti fydd yr un callaf!

Does DIM hawl gan neb i ddweud beth y mynno ar y cyfryngau cymdeithasol

Mae gan apiau gwahanol reolau gwahanol ynglŷn â beth **sydd** a beth **sydd ddim** yn cael ei ganiatáu, ac mae gan rai gwledydd ddeddfau sy'n rheoleiddio'r hyn sy'n dderbyniol i'w ddweud ar y cyfryngau cymdeithasol.

Yn y bôn, dwyt ti DDIM yn cael dweud pethau hiliol, homoffobig, trawsffobig, rhywiaethol na bygythiol ar-lein heb gael dy gosbi. PAID â defnyddio iaith sy'n dilorni, yn gwahaniaethu neu'n sarhau, hyd yn oed mewn ffordd ffwrdd-â-hi neu gyfarwydd. PAID â rhannu dim byd sy'n achosi gofid chwaith.

Cadw o fewn y gyfraith

Os wyt ti'n cofio ymddwyn a thrin pobl ar-lein yn yr un ffordd ag y byddet ti mewn bywyd go iawn, fydd yr heddlu ddim yn ymweld â ti.

Sut i BEIDIO â mynd i helynt:

- ☑ PAID â thorri'r gyfraith.
- ☑ PAID â gwneud fideo ohonot ti yn torri'r gyfraith.
- ☑ PAID â phostio fideo ar-lein ohonot ti dy hun yn torri'r gyfraith.

Hyd yn oed gydag enw gwneud ac *avatar* cartŵn, a hyd yn oed os wyt ti'n cuddio dy wyneb mewn llun neu fideo, mae popeth rwyt ti'n ei bostio a'i rannu ar-lein yn gadael olion traed digidol yn ôl i **TI**, yr un go iawn, ac os oes angen, fe fydd yr heddlu'n gallu dilyn y trywydd. Mae'n hawdd iawn i droseddwr gael ei ddal ar ôl brolio am ei drosedd ar y cyfryngau cymdeithasol.

Dim crîps, plis

Mae tynnu lluniau a fideos o bobl **heb eu cydsyniad** (caniatâd) mewn man preifat lle dydyn nhw ddim yn disgwyl cael eu gwylio yn ANGHYFREITHLON. Mae llefydd preifat yn cynnwys ystafelloedd newid, ystafelloedd ymolchi, llofftydd ac ystafelloedd gwisgo.

Mae'n rheol syml:

Os dwyt ti ddim yn credu y byddai rhywun am i ti dynnu llun neu fideo ohono, **PAID!** Mae hyn hefyd yn cynnwys unrhyw un sy'n rhy ifanc neu fel arall yn methu rhoi ei ganiatâd.

I beth gwnes i gytuno?

Weithiau, mae pobl yn rhoi caniatâd i <u>dynnu</u> llun neu fideo, ond **NID** i'w <u>rannu, ei anfon at neb arall na'i roi ar-lein.</u> Os yw'r llun neu'r fideo hwnnw o natur rywiol, gallet ti fod mewn **helynt mawr iawn** os wyt ti'n ei ddosbarthu. Mae'n fwy na chreulon – mae rhannu delweddau noeth neu rywiol o blant (unrhyw un dan 18 oed yn y rhan fwyaf o wledydd) yn gallu golygu dy fod ti'n euog o ddosbarthu delweddau o gam-drin plant, hyd yn oed os yw'n llun neu fideo o ffrind i ti.

Darllena **Bennod 14** i ddysgu rhagor am hyn.

Paid â chorddi

Gyda chymaint o bobl ar y cyfryngau cymdeithasol, mae'n hawdd dod o hyd i rywun sydd wedi cael sylw yn y wasg, ac mae'r cyfle i siarad â nhw yn gallu bod yn demtasiwn.

Dydach chi ddim yn boddi dan faw adar bob dydd?

Cyfweliad gwych yn *Pig Perffaith*. Byddwn i wrth fy modd yn gwybod rhagor.

Y Dyn Adar, dwi newydd eich gweld chi ar y teledu!

Dwi'n meddwl bod cael cymaint o adar yn hurt!

Gallai mynegi barn ddylanwadu ar farn pobl eraill amdanyn nhw, yn enwedig os ydyn nhw wedi'u cysylltu ag ymchwiliad heddlu neu achos llys. **Mae pob sylw yn cronni,** a chyn pen dim, gallet ti ac eraill fod yn euog o feio dioddefwyr, neu wneud cyhuddiadau ffug, ac yn y pen draw yn **gwneud drwg i enw da rhywun arall. Difenwi** yw'r enw ar hyn, ac fe allet ti gael dy erlyn.

73

Beth bynnag mae rhywun wedi'i wneud, **dwyt TI ddim yn gwybod yr HOLL ffeithiau,** felly paid â mynegi barn amdanyn nhw ar y cyfryngau cymdeithasol. Mae achosion llys wedi gorfod cael eu hatal oherwydd bod rheithgorau wedi dangos **rhagfarn** (ffafrio un ochr mewn ffordd annheg) ar sail sylwadau ar-lein gan aelodau'r cyhoedd.

Os wyt ti'n bygwth rhywun neu'n awgrymu y dylai gael ei niweidio, **hyd yn oed os dwyt ti ddim yn golygu hynny go iawn,** efallai y bydd pobl eraill yn penderfynu gwneud hynny. Gallet ti fod yn euog o **annog trais** wedyn. Dydy copïo geiriau rhywun arall ar y cyfryngau cymdeithasol, neu bostio rhywbeth fel jôc, DDIM yn esgus.

Gallai hyn ddigwydd i ti:

* cael dy DDIARDDEL o'r ysgol
* COLLI dy swydd
* neu hyd yn oed gael dy ARESTIO am rywbeth gwirion rwyt ti wedi'i bostio ar-lein.

HeliwrTeirw

Ydy hwn o ddifri?

G3r-y-GOr4u

Anwybydda fo. Dydy o ddim gwerth y drafferth.

HeliwrTeirw

Alla i ddim. Dwyt ti ddim yn cael dweud pethau fel 'na am neb.

G3r-y-GOr4u

A dweud y gwir, os wyt ti'n riportio fo, dylian nhw ddileu ei neges o.

HeliwrTeirw

Mae gen i ateb yn barod iddo...

G3r-y-GOr4u

Naaaaa. FO sydd wedi gwneud rhywbeth o'i le. Mi wnân nhw ddelio efo fo drostot ti.

Bwlio ar-lein

Mae'r byd ar-lein yn gallu teimlo fel man mwy preifat na'r byd 'go iawn', yn enwedig os nad yw dy rieni, dy warcheidwaid neu oedolion eraill ar dy gyfryngau cymdeithasol. Mae bod heb neb yn cadw golwg ar eu hymddygiad yn gallu dod â'r <u>gwaethaf</u> allan mewn rhai pobl. Mae rhai yn cuddio y tu ôl i enw gwneud ac *avatar* i ddweud pethau cas wrth rywun **na fydden nhw'n meiddio eu dweud wyneb yn wyneb,** Mae eraill yn anfon negeseuon preifat (uniongyrchol) afiach, yn hyderus na fydd neb arall yn gweld beth maen nhw wedi'i ysgrifennu.

METHIANT
MOR HYLL
TWPSYN
O MAM BACH
CAU DY GEG
CER ADRE
SNEB YN BECSO
DUDA DI

Mae cyfeirio sylwadau sbeitlyd a chreulon at rywun arbennig dros gyfnod o amser, yn achos o **fwlio**.

Os yw rhywun yn mynd ati'n <u>fwriadol</u> i wneud i ti deimlo'n anghyfforddus neu'n annifyr, neu yn dy ypsetio ar-lein neu all-lein, mae'r cyfan yn fwlio, **does DIM RHAID i ti ei ddioddef.**

Ym, oedd hynny'n fwriadol?

Mae pawb yn gallu bod yn gas weithiau ac mae
pobl yn gallu bwlio heb feddwl. Mae'n bosib y bydd
ffrind hyd yn oed yn gwneud rhywbeth cas, fel
rhannu rhywbeth yn fwriadol na fyddet ti wir eisiau i
neb arall ei wybod na'i weld, neu bostio rhywbeth
sy'n ddoniol, yn ei farn o, hyd yn oed os NAD yw'n
ddoniol iawn i ti.

Dere 'mlaen, jôc oedd hi.

Ddim yn ddoniol.

Os wyt ti'n teimlo bod rhywun sydd heb achosi
problem i ti o'r blaen yn dy fwlio, mynna sgwrs
wyneb yn wyneb ag o, neu anfona neges breifat
ato ar yr ap. Rho wybod iddo ei fod **wedi dy
frifo** a gofyn iddo **ddileu eu neges.** Efallai y
bydd hyn yn teimlo'n frawychus, ond fe allai fod yn
ffordd haws nag y byddet ti'n ei feddwl o ddatrys y
broblem.

Wnes i ddweud rhywbeth o'i le?

Mae'n bosib y bydd rhai yn dweud rhywbeth amdanat ti ar-lein i ddial arnat **TI** am achosi gofid iddyn **NHW.** Dwyt ti ddim eisiau cael ffrae gyhoeddus, felly os ydy hi'n wir dy fod ti wedi gwneud rhywbeth sydd wedi brifo teimladau rhywun, <u>ymddiheura.</u> Gobeithio wedyn y gall y ddau ohonoch chi ddileu'r negeseuon sydd wedi pechu.

O na! Rhaid 'mod i wedi tagio Tanwen-Mai yn y fideo yna o gamel yn poeri!

Os wyt ti'n credu dy fod ti heb wneud dim o'i le, tria drafod y mater wyneb yn wyneb. Mae'n hawdd i gamddealltwriaeth godi wrth i ti deipio ar frys.

Postia neges yn dweud rhywbeth ffein am y person arall i ddangos sut rwyt ti wir yn teimlo.

xo.Mari33.xoxo.xo
Tanwen-Mai, rwyt ti wastad wedi bod yn WYCH! ♥

Bwlio wrth basio

Bydd rhai pobl yn ymddwyn mewn ffordd fygythiol hyd yn oed os wyt ti'n berffaith ddymunol iddyn nhw, neu ddim hyd yn oed yn eu hadnabod. Mae'n bosib y byddan nhw'n dweud pethau hiliol, homoffobig, rhywiaethol, difrïol neu anghwrtais, neu'n dinistrio pethau mae eraill wedi eu hadeiladu mewn gemau adeiladu ar-lein. Mae'r **bwlis** hyn yn hoffi sbarduno ymateb ac yn mwynhau gweld sut mae eu geiriau a'u gweithredoedd yn gallu ypsetio pobl.

CRAC! BANG!

Maen nhw'n aml yn bwlio mwy nag un person ar y tro, a dyna pam maen nhw'n ffynnu ar y cyfryngau cymdeithasol, drwy ddweud pethau cas am bawb a phopeth a gweld pwy sy'n ymateb. **Trolio** yw'r enw ar y math hwn o fwlio ar-lein.

Os wyt ti'n cael sylw ar hap gan droliau ar y cyfryngau cymdeithasol, y peth gorau i'w wneud yw eu **hanwybyddu**, a pheidio â rhoi'r hyn maen nhw wir ei eisiau, sef sylw. Gobeithio y byddan nhw'n diflasu ar beidio â chael ymateb ac yn symud ymlaen.

Mae rhagor o wybodaeth am ddelio â throliau ym **Mhennod 8**.

Poen personol

Os wyt ti'n cael dy fwlio dros amser, mae'n fwy tebygol mai rhywun rwyt ti'n ei adnabod sydd wrthi. Ar adegau felly, dydy cyngor fel 'Anwybydda'r peth ac fe fydd yn diflannu' ddim yn debygol o weithio. Mae rhai oedolion yn gwneud y camgymeriad o ddiystyru bwlio ar-lein fel rhywbeth llai pwysig neu boenus na bwlio wyneb yn wyneb. A dweud y gwir, mae bwlio ar-lein yn gallu bod yn WAETH, oherwydd dwyt ti ddim yn gallu mynd adref o'r ysgol a chau'r drws. Mae'n dy ddilyn i bobman ar dy ffôn.

Pam mae pobl yn bwlio?

Mae llawer o resymau, ond mae pobl sy'n bwlio yn aml yn gwneud hynny oherwydd:

- eu bod nhw'n genfigennus ohonot ti, a dydyn nhw ddim eisiau i ti deimlo'n dda.
- mae gwneud i rywun arall deimlo'n wael yn gwneud iddyn nhw deimlo'n bwerus.
- eu bod nhw'n ceisio troi sylw bwli oddi arnyn nhw ac ar rywun arall.
- eu bod nhw'n teimlo'n ansicr amdanyn nhw'u hunain neu eu bywydau, ac eisiau teimlo'n well drwy ymosod ar rywun arall.

Does **DIM UN** o'r rhesymau hyn yn cyfiawnhau bwlio, ond mae'n helpu i gofio mai'r bwli <u>ei hun</u> sy'n gyfrifol am ei ymddygiad. **Wnest ti ddim gofyn am gael dy fwlio nac achosi iddo ddigwydd.**

Allet TI fod yn fwli?

Weithiau, mae'n bosib dy fod ti'n gwneud pethau creulon heb sylwi. Efallai dy fod ti'n teimlo'n wael am rywbeth ac yn gwneud hwyl am ben rhywun arall i dynnu dy sylw oddi ar hynny. Neu rwyt ti wedi rhannu memyn doniol gan ddefnyddio llun o rywun, heb boeni rhyw lawer sut mae hi'n teimlo am y peth.

Os wyt ti'n rhannu rhywbeth cas, neu'n ymuno mewn ymddygiad cas ar-lein, bwlio ydy hynny o hyd, hyd yn oed os nad ti ddechreuodd y peth. Cofia, y tu ôl i unrhyw lun, fideo neu neges sy'n codi cywilydd, mae **PERSON GO IAWN GYDA THEIMLADAU.** Does neb am i hyn ddigwydd iddo, felly meddylia am eraill cyn i ti bostio neu rannu dim byd ar y cyfryngau cymdeithasol.

Weithiau mae bwlio ar-lein yn troi'n **BERSONOL IAWN**, ac yn delio â gwybodaeth, delweddau neu fideos rhywiol. Os wyt ti'n rhannu'r math hwn o gynnwys, neu'n bygwth rhywun ar-lein, fe allet ti fod yn euog o drosedd.

Darllena **Bennod 14** i ddysgu rhagor am hyn a sut i gael help os wyt ti yn y sefyllfa hon.

Mae bwlis ar-lein yn gallu bod yn greadigol iawn wrth ypsetio pobl.

Maen nhw'n gallu:

Anfon negeseuon preifat ANNYMUNOL

Postio pethau PERSONOL neu SY'N CODI CYWILYDD yn gyhoeddus

Taenu CELWYDDAU

Mae bwlio wyneb yn wyneb a bwlio ar-lein yn aml yn mynd law yn llaw, gan wneud i ti deimlo dy fod ti mewn magl.

Mae'n bwysig cofio
nad ti sydd ar fai.
NID ti sy'n gyfrifol am ymddygiad cas,
creulon rhywun arall.
Ac rwyt ti YN
gallu gwneud
rhywbeth amdano.

Gad lonydd
i fi!

PAID Â dileu unrhyw negeseuon preifat
bygythiol, a **gwna sgrinluniau** o negeseuon
bygythiol. Pan fydd gennyt ti dystiolaeth i'w
chyflwyno i oedolyn, fydd y bwli
ddim yn gallu gwadu hynny pan
fydd yn cael ei gyhuddo.

Codi llais

Os oes rhywun yn gwneud dy fywyd di'n boen, **mae angen i ti chwilio am help.** Mae rhannu'r hyn rwyt ti'n ei ddioddef ag oedolyn rwyt ti'n ymddiried ynddo yn gam cyntaf da a bydd yn gallu dy helpu i gymryd camau ymarferol i wella pethau.

Taid, gawn ni sgwrs?

Wrth gwrs.

Siarada â phwy bynnag rwyt ti'n gyfforddus yn siarad ag o – rhiant, brawd neu chwaer hŷn, gofalwr, perthynas, athro, hyfforddwr gweithgareddau neu oedolyn dibynadwy arall rwyt ti'n ei adnabod. Mae'n bosib y byddi di hefyd yn gallu siarad â chwnselydd ysgol – rhywun sydd wedi'i hyfforddi i wrando a helpu pobl gyda theimladau anodd.

Efallai na fyddi di'n teimlo'n hapus yn trafod bwlio â rhywun rwyt ti'n ei adnabod, ond **mae DY deimladau A DY iechyd meddwl DI** yr un mor bwysig â theimladau ac iechyd meddwl unrhyw un arall. Does **NEB** yn haeddu cael ei fwlio, ac mae'n bosib y bydd sôn amdano hefyd yn helpu eraill sy'n cael eu bwlio ar-lein.

#llinellgymorth

Os nad oes neb rwyt ti'n teimlo'n hapus i siarad ag e, ffonia

LINELL GYMORTH BWLIO.

Mae dolenni i linellau cymorth ar **Usborne Quicklinks** (tudalen 4). Mae rhai ar agor 24 awr y dydd.

Dydy oedolion ddim yn gallu cynnig ateb ar unwaith. Weithiau, maen nhw'n gallu awgrymu pethau sy'n ymddangos yn syml iddyn nhw, fel:

"Paid â defnyddio'r cyfryngau cymdeithasol."

Ond yn ymarferol, dydy hynny ddim yn beth hawdd. Mae osgoi'r cyfryngau cymdeithasol yn gallu teimlo fel trio peidio â defnyddio dy ffôn neu'r rhyngrwyd o gwbl.

Er hynny, gall **trafod** ag oedolyn cefnogol fod yn **help mawr**, a <u>gyda'ch gilydd</u> gallwch chwilio am ateb.

Dwi ar goll.

Mi wnawn ni ddelio â hyn gam wrth gam.

Mae siarad yn llesol

Gallai fod yn demtasiwn i ti drio delio â phroblem ar dy ben dy hun fel nad yw pobl eraill yn meddwl dy fod ti'n orddramatig neu'n gor-ddweud. **Ond os yw hi'n broblem i TI, mae'n <u>DDIFRIFOL</u>** a gall ei rhannu â rhywun arall ysgafnhau'r baich. Wrth drafod y broblem â phobl eraill, rwyt ti'n ei gweld mewn ffordd wahanol, ac mae hyn yn dy helpu i lunio dulliau i ymdopi.

Bwrw dy fol

Gall mygu meddyliau a theimladau drwg eu gwneud nhw'n **WAETH**, wrth iddyn nhw fynd rownd a rownd yn dy ben. Byddi di'n methu meddwl am ddim byd arall a nhw fydd **y peth MWYAF yn dy fywyd.**

Os wyt ti'n teimlo nad wyt ti'n rheoli sefyllfa, mae'n hawdd i ti deimlo'n flin ac yn rhwystredig tuag at bobl eraill, ac mae'n haws fyth i ti dy gosbi dy hun am gael teimladau drwg.

Rydyn ni i gyd wedi beio'n hunain am rywbeth doedden ni ddim yn gyfrifol amdano, er mwyn teimlo ein bod ni'n gwneud rhywbeth am y peth. Ond y cyfan mae dy gosbi dy hun yn ei wneud yw ychwanegu at dy deimladau drwg. **Gofalu amdanat ti dy hun a gwerthfawrogi dy hun** – dyna yw'r ateb os wyt ti am reoli unwaith eto.

Ar y dudalen nesaf, fe weli di awgrymiadau ar sut i fwrw dy fol. Bydd hyn yn **dy helpu i deimlo'n WELL** ...

PARHAD...

Dyma ambell ffordd o ddefnyddio dy ddicter mewn ffordd **GADARNHAOL,** fel nad wyt ti'n troi'r dicter hwnnw ar y bobl yn dy fywyd:

Ymarfer corff:

mae cicfocsio, dyrnu clustogau, dawnsio, rhedeg yn yr awyr agored, nofio neu unrhyw beth sy'n cael y gwaed i bwmpio a'r cyhyrau i weithio yn rhyddhau cemegau sy'n helpu i dy **DAWELU.**

Creadigrwydd: mae ysgrifennu straeon, arlunio neu hyd yn oed **SGRIBLO** llinellau du mewn dyddiadur, yn ffordd wych o sianelu dy rwystredigaeth.

Cadw dyddiadur: gwneud cofnod ysgrifenedig o dy deimladau. Fe fyddai hyd yn oed ysgrifennu **GEIRIAU DIG** dros y dudalen yn helpu.

Defnyddio'r dychymyg:

mae modd i ti ddefnyddio techneg o'r enw delweddu. Dychmyga dy feddyliau drwg fel cymylau yn yr awyr sy'n cilio'n raddol. (Fe fydd angen i ti ymarfer hyn.)

Canolbwyntio ar dy gryfderau:

mae gwneud gweithgareddau rwyt ti'n DDA am eu gwneud yn gallu dy helpu i deimlo'n well amdanat ti dy hun.

Troi at bobl eraill sy'n cael eu bwlio:

mae gwybod bod pobl eraill yn yr un sefyllfa â ti yn gallu dy atgoffa dwyt ti ddim AR DY BEN DY HUN, a does dim byd yn bod arnat ti.

Pan mae'r teimladau'n WIRIONEDDOL ddrwg

Weithiau, pan fydd teimladau drwg yn llethu pobl, dydyn nhw ddim yn gallu gweld ffordd i ddianc ac maen nhw'n teimlo ysfa i frifo neu hyd yn oed eu lladd eu hunain. Os wyt ti byth yn teimlo fel hyn, **plis, <u>PLIS</u>...**

SIARADA Â RHYWUN.

Rwyt ti'n...

werthfawr, yn **annwyl,**

ac rwyt ti'n haeddu bod yn **ddiogel ac yn hapus.**

Fe alli di ddysgu mwy am sut i gael help gyda theimladau drwg ym **Mhennod 17.**

Y peth pwysig yw <u>na ddylet ti fyth deimlo dy fod ti ar dy ben dy hun</u>. Mae rhywun **WASTAD** yn barod i wrando a helpu, ble bynnag rwyt ti. Fe gei di dy synnu gan faint o bobl sydd wedi profi cyfnodau anodd eu hunain, ac sydd nawr yn barod i helpu eraill.

G3r-y-GOr4u

Ydy'r neges yna'n dweud be dwi'n feddwl mae'n ddweud?

Miss.Medi

Beth sy'n bod arni? Mae hi wastad yn gwneud sylwade bach slei fel 'na.

G3r-y-GOr4u

Mae o wir yn fy nghael i lawr. Dwi ddim yn gwybod beth i'w wneud.

Miss.Medi

Ti 'di trio siarad â hi? Odi, mae e'n lletchwith. Ond werth e falle?

G3r-y-GOr4u

Gwnes i ryw hanner jôc ei bod hi'n brifo fi, ond y cyfan wnaeth hi oedd gwenu.

Miss.Medi

Credu dylet ti siarad â Mr Dafydd. Mae e'n foi ffein, ac yn barod i helpu.

Enwogion

Yn union fel ti a dy ffrindiau, mae llawer iawn o bobl enwog – gwyddonwyr, awduron, sêr chwaraeon ac yn y blaen – hefyd ar y cyfryngau cymdeithasol. Mae'n bosib bod ganddyn nhw gyfrif preifat i'w rannu â'u ffrindiau agos, yn ogystal â chyfrif ar gyfer y cyhoedd i roi'r wybodaeth ddiweddaraf i'w ffans.

Y_MACS_HAUL_GOIAWN

Cyfrif cyhoeddus

MARTYJONES1987

Cyfrif preifat

Mae sêr yn postio lluniau a fideos ar y cyfryngau cymdeithasol yn ystod y dydd, gan wybod y bydd eu negeseuon yn denu llawer o sylw.

" Llowcio brecwast cyn recordio bore 'ma 👍 "

3 mun. yn ôl LwlwaFi
Wyau di'u sgramblo yw fy ffefryn i!!

5 mun. yn ôl Daniel_y_Dyn338
Rhaid i ti drio nhw efo sos brown, Macs.

11 mun. yn ôl Jojo_yn_yty
Wwww, ydy hyn yn golygu albym newydd yn fuan?

Mae'r cyfryngau cymdeithasol yn rhoi cipolwg ar fywydau pobl enwog na fyddet ti'n cael y cyfle i'w cyfarfod fel arall. Mae presenoldeb cyhoeddus ar-lein i enwogion hefyd yn **ffordd dda o farchnata**: drwy fod ar y cyfryngau cymdeithasol, maen nhw'n gallu trafod a hyrwyddo eu gwaith yn uniongyrchol â'u ffans.

Creu cysylltiad?

Yn hytrach na chael eu cornelu gan ffans wrth siopa, mae pobl enwog yn gallu defnyddio'r cyfryngau cymdeithasol i bostio datganiadau a fydd yn cyrraedd llawer o bobl ar unwaith.

Mae sêr yn annhebygol o analluogi sylwadau ar apiau sydd ar gyfer y cyhoedd, gan eu bod nhw eisiau adborth defnyddiol gan eu ffans. Ond er dy fod ti'n GALLU siarad â nhw, dydy hyn ddim yn golygu bod RHAID i ti wneud hynny. Dwyt ti ddim yn rhoi cyfweliad iddyn nhw ac mae ganddyn nhw hawl i beidio ag ymateb i lwyth o gwestiynau. Yn sicr, dydyn nhw ddim yn gallu ateb pob un neges maen nhw'n ei chael.

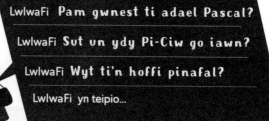

Ddim nawr.

LwlwaFi **Pam gwnest ti adael Pascal?**

LwlwaFi **Sut un ydy Pi-Ciw go iawn?**

LwlwaFi **Wyt ti'n hoffi pinafal?**

LwlwaFi yn teipio...

<u>Mae gan bobl enwog hawl o hyd i breifatrwydd</u> o ran yr holl wybodaeth dydyn nhw **DDIM** yn ei phostio ar eu cyfrifon cyhoeddus. Mae cael cyfrif cyfryngau cymdeithasol cyhoeddus yn **rhan arall o'u gwaith** ac maen nhw'n gweithio'r un mor galed â ti ar gynnal eu persona cyhoeddus. Efallai nad y nhw go iawn yw'r persona hwnnw o bell ffordd, ac mae'n bosib bod eu tîm cyhoeddusrwydd yn postio negeseuon ar eu rhan os ydyn nhw'n rhy brysur.

3 mun. yn ôl POPtastigSwyddogol

❝ Yn cael CYMAINT O HWYL yn chwarae i bawb heno! ♪♪ ❞

Defnyddia dy lais yn ddoeth

Mae'r cyfryngau cymdeithasol yn lle gwych i ddarganfod barn pobl a beth maen nhw yn ei drafod. Felly, mae cyfrifon gan Aelodau o'r Senedd, Aelodau Seneddol a phrif weithredwyr cwmnïau, i gael adborth gan gynulleidfa eang.

Maen nhw hefyd yn rhoi cyfle gwych i ti ddweud dy ddweud wrth bobl sy'n gallu gwneud rhywbeth am y peth.

MAE'CH CYNNYRCH CHI'N **ANOBEITHIOL!**

OND cofia **siarad ag eraill ar-lein mor <u>gwrtais</u> ag y byddet ti wyneb yn wyneb.** Mae popeth rwyt ti'n ei bostio ar-lein yn effeithio ar dy enw da, a dwyt ti byth yn gwybod ble byddi di efallai yn trio am swydd rywbryd…

Sêr y cyfryngau cymdeithasol

Mae rhai pobl gyffredin yn dod mor adnabyddus ar y cyfryngau cymdeithasol, maen nhw'n gallu creu gyrfa yn ei sgil. Fel arfer, **blogwyr, blogwyr fideo** neu **ffotograffwyr** yw'r rhain.

Mae **blogwyr** yn ysgrifennu cofnod (blog) ar dudalen we sy'n trafod eu bywydau, neu bwnc penodol sydd o ddiddordeb iddyn nhw. Maen nhw'n hyrwyddo eu blog ar y cyfryngau cymdeithasol, gan siarad â'u darllenwyr, a denu rhagor ohonyn nhw.

TAP, TAP

BlogMog

TAP, TAP

Mae **blogwyr fideo —** _vloggers_ — yn gwneud yr un peth â blogwyr, ond gyda blog fideo . Maen nhw'n postio fideos ar bwnc poblogaidd ac yn denu llawer o danysgrifwyr, sy'n gwylio eu fideos i gyd. Dydy rhai blogwyr fideo ddim hyd yn oed yn golygu eu fideos. Yn hytrach, maen nhw'n dewis rhannu eu sgyrsiau, eu gweithgareddau neu eu hadolygiadau drwy ffrydio byw.

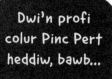

Dwi'n profi colur Pinc Pert heddiw, bawb...

POW!

Mae ffrydio byw wrth sôn am gêm rwyt ti'n ei chwarae yn boblogaidd iawn gyda phobl sy'n hoffi chwarae gemau fideo.

Y TEITHIWR

Yr enw cyffredinol ar y bobl hyn yw

crewyr cynnwys – *content creators* –
'cynnwys' yw eu blogiau, eu fideos a'u lluniau i gyd mae pobl eraill yn hoffi eu darllen neu eu gwylio.

Mae crewyr cynnwys poblogaidd yn **ennill arian gan hysbysebwyr,** sy'n talu i hysbysebu wrth ymyl eu negeseuon a'u proffil. Mae dod yn ddigon adnabyddus i ddenu llawer o ffans a hysbysebwyr, A phostio digon o gynnwys i gadw'r diddordeb a'r incwm hwnnw, yn aml yn golygu bod creu cynnwys ar y cyfryngau cymdeithasol yn swydd lawn amser.

Mae crewyr cynnwys ar gyfryngau cymdeithasol yn arbenigo mewn maes penodol, yn seiliedig ar eu sgiliau, eu diddordebau a'r tueddiadau diweddaraf.

Dyma rai meysydd poblogaidd:

CELF A CHREFFT: fideos a thiwtorialau, adfer neu ailbwrpasu eitemau, dylunio a chreu

HARDDWCH: steilio gwallt, colur

GEMAU CYFRIFIADUR: adolygu, chwarae – ffrydio byw yn aml

FFASIWN: dillad cartref, modern ac ail-law

FFITRWYDD

BWYD: coginio, pobi, bwyta'n iach, deietau arbennig, ryseitiau

TECHNOLEG: gwneud, trwsio, dylunio, adolygu

TEITHIO: ffotograffiaeth, adolygiadau

PING!

Amla'n byd y bydd crewyr cynnwys yn postio ar y cyfryngau cymdeithasol, mwya'n byd o bobl fydd yn gweld eu gwaith ac efallai yn ei hoffi neu yn rhoi sylw arno. Mae ffans yn gallu tanysgrifio neu ddilyn, sy'n golygu eu bod nhw'n cael gwybod pan fydd cynnwys newydd yn cael ei bostio.

Heddiw, rydyn ni'n defnyddio Blawd Bobi.

Wrth i'r nifer sy'n gwylio, dilyn a thanysgrifio gynyddu, mae negeseuon y crewyr cynnwys yn mynd yn bellach ar draws y cyfryngau cymdeithasol gan ddenu mwy fyth o bobl, a sylw hysbysebwyr.

FY ARGYMHELLION I

Mae llawer o grewyr cynnwys yn adolygu cynnyrch yn y maes maen nhw'n arbenigo ynddo.

Dylanwadwyr yw'r rhai sy'n llwyddo orau — maen nhw'n gallu perswadio'r bobl sy'n eu dilyn i brynu cynnyrch maen nhw'n ei ddefnyddio neu'n sôn amdano. Mae hysbysebwyr yn hoffi defnyddio dylanwadwyr, ac mae'r rhai llwyddiannus yn gallu ennill llawer iawn o arian.

Eisiau bod yn enwog ar-lein?

'Personoliaethau' yw'r enw ar ddylanwadwyr yn aml. Mae unrhyw un sydd â chyfrif yn gallu ceisio dod yn ddylanwadwr ar y cyfryngau cymdeithasol... sy'n golygu ei fod yn faes **cystadleuol iawn,** gyda LLAWER o bobl yn ceisio denu sylw'r un ffans. Isod, mae rhestr o'r ansoddeiriau i ddisgrifio blogwyr, blogwyr fideo a ffotograffwyr sy'n tynnu sylw pobl, ac ambell beth sydd ddim yn helpu.

ffraeth angerddol

unigryw siaradus **craff**

yn erbyn

cwerylgar **sarhaus**

mawreddog beirniadol

PAID â thrio hyn dy hun

Mae 'gwneud styntiau' yn boblogaidd ar y cyfryngau cymdeithasol, gyda phobl yn dangos eu hunain yn gwneud pethau **PERYGLUS**, naill ai ar fideo neu wrth ffrydio'n fyw. Mae'r fideos cyffrous hyn yn aml yn denu llawer o wylwyr, ond yn anffodus, maen nhw'n aml iawn yn arwain at **anafiadau difrifol** neu hyd yn oed **FARWOLAETH**. Mae ceisio copïo stỳnt rhywun arall yr un mor beryglus, p'un a wyt ti'n dy ffilmio dy hun ai peidio.

Ti'm yn gall!

Edrycha ar hyn!

Dydy bod yn bersonoliaeth boblogaidd ar y cyfryngau cymdeithasol **DDIM** yn werth peryglu dy fywyd, na bywyd rhywun sy'n ceisio dy gopïo di.

Paid â mentro er mwyn gwneud dim byd mwy na chreu argraff ar gynulleidfa ar-lein anhysbys.

Yyy! Dwi ddim am i bobl edrych arna _I_!

Dwi'n swil...

Er bod creu cynnwys cyhoeddus ar y cyfryngau cymdeithasol yn ymwneud â **denu diddordeb dy gynulleidfa,** does dim rhaid i ti gael persona cyhoeddus amlwg os yw dy gynnwys yn ddigon diddorol. Does dim rhaid i ti ddefnyddio dy enw IAWN ar dy dudalen neu broffil proffesiynol. Gallet ti ddewis dangos dim ond dy ddwylo mewn fideos, neu beidio â siarad o gwbl a rhoi cerddoriaeth yn gefndir i dy fideos.

Fel crëwr cynnwys, mae hyd yn oed yn bwysicach i ti BEIDIO â rhoi gwybodaeth bersonol ar dy broffil, oherwydd byddi di ddim yn adnabod y rhan fwyaf o'r dilynwyr a'r tanysgrifwyr.

Bydd yn ofalus!

Unwaith rwyt ti'n postio rhywbeth ar-lein, **rwyt ti'n methu rheoli** sut mae'n lledaenu, nac i bwy. Mae dy wyneb hyd yn oed yn fwy personol i ti na dy enw iawn, felly meddylia'n ofalus os wyt ti eisiau ei ddangos ar ap sydd ar gyfer y cyhoedd i unrhyw un ei weld, ei ailchwarae, ei olygu neu ei rannu unrhyw adeg.

Does neb am weld ailryddhau cyflwyniad difrifol gyda hidlydd gwirion arno!

Swnio'n grêt?

Er bod cael dy dalu i rannu dy hobi neu dy ddawn ag eraill ar-lein yn gallu swnio'n ddelfrydol, mae **anfanteision posib** eraill i fod yn bersonoliaeth ar y cyfryngau cymdeithasol:

- Mae pobl sy'n ennill arian drwy'r cyfryngau cymdeithasol yn gorfod talu trethi.

- Os mai'r cyfryngau cymdeithasol yw dy brif swydd, byddai angen i ti gofrestru fel gweithiwr hunangyflogedig a chadw golwg ar dy gyfrifon.

- Mae'n bosib y byddi di'n darged ar gyfer troliau ar-lein sy'n anghofio bod pawb yn llygad y cyhoedd yn berson go iawn â theimladau.

- Wrth i dy negeseuon ddod yn fwy poblogaidd, gallet ti ddatblygu obsesiwn gyda'r nifer sy'n hoffi, yn dilyn neu'n tanysgrifio.

ADNEWYDDU... ADNEWYDDU... ADNEWYDDU...

Ffiw!

BATRI ISEL

Gwaith, gwaith, gwaith...

Mae bod yn ddylanwadwr yn **waith caled IAWN** – bydd dy ffans yn disgwyl i ti greu cynnwys newydd a'i bostio yn rheolaidd, dy fod ti'n deall y datblygiadau diweddaraf yn y pwnc rwyt ti'n arbenigo arno, ac yn dangos diddordeb yn eu sylwadau a'u hawgrymiadau.

Dydy ymateb i feirniaid a throliau ddim yn werth dy amser, ac mae ateb negeseuon cefnogol hyd yn oed yn debygol o dy flino'n gyflym iawn. Mae treulio cymaint o amser yn ceisio bod yn unigryw neu'n arbennig, a chael dy gymharu'n gyson â dylanwadwyr eraill, yn gallu teimlo'n llethol.

Pan fyddi di'n dewis bod yn 'amlwg' ar y cyfryngau cymdeithasol, rhaid i ti fod yn barod i warchod **dy les a dy iechyd meddwl.**

Darllena **Bennod 17** i ddysgu rhagor am ofalu am dy iechyd meddwl.

HeliwrTeirw

Dwi wrth fy modd gyda'r ddraig wedi'i gwau! Diolch – ti mor dalentog!!

Miss.Medi
Ha-ha, mae'n chwaer i'n dweud y dylwn i gael gwefan neu rywbeth.

HeliwrTeirw

Dylet ti wneud fideos yn dangos sut rwyt ti'n eu gwneud nhw!

Miss.Medi
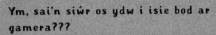
Ym, sai'n siŵr os ydw i isie bod ar gamera???

HeliwrTeirw

'Swn i WRTH FY MODD yn gwneud fideos ar y cyfryngau cymdeithasol fel swydd. Mor gyffrous.

Miss.Medi
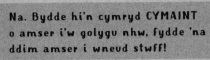
Na. Bydde hi'n cymryd CYMAINT o amser i'w golygu nhw, fydde 'na ddim amser i wneud stwff!

Troliau ar-lein

Efallai fod rhai pobl am ymuno â'r cyfryngau cymdeithasol i ddianc rhag eu 'bywyd go iawn', i wneud ffrindiau hollol newydd neu i greu persona ar-lein sy'n wahanol iawn i'w personoliaeth yn y byd go iawn. Mae rhai'n defnyddio enw gwneud a rhithffurf – *avatar* – i deimlo'n **anhysbys** ar-lein, ac yn meddwl na fydd neb yn dod i wybod pwy ydyn nhw go iawn.

> Rydw i'n anweledig, HA–HA!

Mae'r teimlad hwn o fod yn anhysbys yn gallu wneud i rai pobl ymddwyn yn gas, mewn ffordd na fydden nhw mewn bywyd go iawn. **Troliau** yw'r enw ar bobl sy'n bachu ar y cyfle i fod yn fwriadol gas ar-lein wrth bobl nad ydyn nhw'n eu hadnabod.

Targed troliau

Mae troliau yn aml yn targedu bobl gyhoeddus
neu rywun sydd wedi bod yn y newyddion ac
yn tueddu i ddefnyddio geiriau hiliol,
rhywiaethol, homoffobig a thrawsffobig.
Maen nhw'n postio sylwadau **sarhaus**
a phersonol i ddenu sylw, creu
drwgdeimlad a sbarduno ymateb.

DYMA I TI BETH ARALL

Gadwch
lonydd i fi!

BLA
BLA
NONSENS
CASINEB
CELWYDDAU

Efallai eu bod nhw:

- yn meddwl bod **CREU HELYNT** yn ddoniol, a thynnu ar bobl eraill er mwyn gwylio ffrae.

- yn trio cael **SYLW CYHOEDDUS** gan bobl adnabyddus ac yn meddwl bod ymddwyn yn gas tuag atyn nhw'n mynd i ennyn ymateb.

- yn **TEIMLO'N ANSICR** ac yn canolbwyntio eu dicter ar bobl sy'n ymddangos yn hapus ac yn hyderus.

- yn cael **YMDEIMLAD O BŴER** wrth wneud i bobl eraill deimlo'n wael, neu...

- heb ystyried o gwbl sut mae targed eu casineb yn teimlo.

Un peth sydd gan **BOB** trôl yn gyffredin yw'r gred eu bod nhw, <u>drwy guddio eu henw a'u hwyneb, yn gallu bod yn sarhaus ar-lein heb gael eu dal.</u>

Seicoleg troliau

Mae ychydig o resymau pam mae troliau'n meddwl y gallan nhw wneud yn union fel y mynnon nhw:

1. Os ydyn nhw'n ddienw, maen nhw'n meddwl na fyddan nhw'n cael eu cosbi. Fydd yr un sy'n cael ei drolio ddim yn dod wyneb yn wyneb â nhw, felly dydyn nhw ddim mewn peryg a does ganddyn nhw ddim byd i'w golli wrth ymddwyn fel y mynnon nhw. Efallai fod troliau yn teimlo'n fwy 'rhydd' ar-lein oherwydd hyn.

Does neb yn gwybod mai fi yw e...

2. Maen nhw'n teimlo'n fwy diogel pan fydd llawer ohonyn nhw wrthi, ac maen nhw'n ymuno â'r trolio neu'n dechrau trolio eu hunain. Maen nhw'n meddwl bod eu sylw cas nhw yn un o lawer ac felly does fawr o bwys. Dylai pobl dderbyn hynny fel rhan o fywyd ar y cyfryngau cymdeithasol.

3. Os nad oes neb yn eu herio, mae hyn yn rhoi hwb i'r troliau. Maen nhw'n meddwl bod y mwyafrif yn cytuno â'u barn ofnadwy nhw, a'u bod nhw'n siarad ar ran nifer fawr o bobl.

Mae'n hawdd gweld pam mae troliau yn gymaint o **broblem** ar y cyfryngau cymdeithasol.

Pam fi?

Os wyt ti'n denu sylw trôl, **PAID Â'I GYMRYD YN BERSONOL.** Mae pob trôl yn <u>fwli sy'n cymryd ei gyfle</u> ac yn gweld pwy sy'n ymateb. Mae rhai yn cael eu trolio am eu golwg, eu rhywioldeb, eu crefydd, ble maen nhw'n byw neu faint o arian sydd ganddyn nhw. OND y gwir reswm dros drolio yw bod ag amser rhydd a chysylltiad rhyngrwyd. Efallai y bydd y trolwyr yn symud ymlaen mor gyflym ag y gwnaethon nhw ymddangos.

Beth rydw i wedi'i wneud?

Cael gwared arnyn nhw

Mae troliau yn denu mwy o droliau, felly mae ymateb i un yn denu mwy o sylw i'w negeseuon dibwys. Er hynny, maen nhw'n gallu bod yn **anodd IAWN eu hanwybyddu,** yn enwedig os oes mwy nag un trôl yn targedu'r un person.

TAFLU

PAID Â PHOENI,

galli di ddelio â throliau fel hyn...

PARHAD...

123

BLOCIO

Ar bob ap cyfryngau cymdeithasol, rwyt ti'n gallu blocio rhywun rhag gweld dy gyfrif neu broffil a gwneud sylwadau arno. Weithiau, byddi di'n sylwi ar drôl cyn iddo ddweud dim byd. Os yw enw defnyddiwr rhywun yn un hiliol, rhywiaethol, homoffobig neu yn sarhaus fel arall, BLOCIA HWN <u>cyn</u> iddo gael cyfle i daro.

RIPORTIO

Ar y rhan fwyaf o apiau cyfryngau cymdeithasol, gall <u>UNRHYW UN</u> riportio defnyddiwr sy'n gwneud sylwadau trolio, hyd yn oed os yw'r sylwadau hynny wedi eu cyfeirio tuag at rywun arall. Mae hynny'n golygu, os wyt ti'n gweld trolio yn digwydd, bod modd i ti wneud rhywbeth amdano. (Ac os wyt ti'n gwneud sylwadau cas dy hun, gallai unrhyw un sy'n darllen y sylwadau hynny dy riportio <u>DI</u>.)

CODI LLAIS

Mewn undod mae nerth, wrth godi llais yn erbyn trolio. Mae rhai sefydliadau adnabyddus, fel clybiau pêl-droed, wedi cau eu cyfrifon cyfryngau cymdeithasol, i ddangos nad ydyn nhw'n goddef camdriniaeth ar-lein ac na ddylai gweddill y cyfryngau cymdeithasol ei dioddef chwaith. Gallet ti ddechrau deiseb neu fudiad i foddi'r troliau.

Mae troliau'n gallu bod yn ddyfal ac yn ddi-baid. Mae trolio yn achosi problemau iechyd meddwl i lawer o bobl, ac yn gyrru rhai oddi ar y cyfryngau cymdeithasol yn barhaol.

Os yw hyn yn digwydd i TI, mae mwy o awgrymiadau am sut i ddelio â'r mater ym **Mhennod 17**.

125

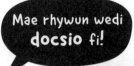

Mae rhywun wedi **docsio** fi!

O na! ...Ym, beth yw hynny?

'Docsio' yw pan fydd trôl yn darganfod gwybodaeth bersonol am rywun ac yn ei phostio ar-lein, e.e., ei gyfeiriad. Y rheswm dros hyn yn aml yw annog pobl eraill i'w boeni. Mae hyn yn anghyfreithlon mewn rhai gwledydd, felly os yw hyn yn digwydd i ti, efallai y bydd yn rhaid i ti alw'r heddlu.

Ac mae'n amlwg,
PAID BYTH â gwneud hyn dy hun!

Mae bygwth rhywun yn dreisgar ar-lein
BOB AMSER YN ANGHYFREITHLON.
Os oes rhywun yn dy boeni di fel hyn,
rho wybod i'r heddlu.

Wps, dwi wedi trolio

Os wyt ti'n gweld rhywun neu rywbeth ar-lein dwyt ti ddim yn ei hoffi, efallai y cei di dy demtio i wneud sylw dig neu gas. Mae'n bosib y byddi di'n teimlo'n dda ar y pryd, ac yn anghofio am yr holl beth yn gyflym, ond mae dy sylw annifyr yn dal yno i bawb ei weld.

Mae gwneud sylw difeddwl am rywun dwyt ti ddim yn ei adnabod yn beth gwirion, ond os wyt ti'n sylwi arnat ti dy hun yn dweud rhywbeth cas yn fwriadol wrth ddieithryn er mwyn achosi gofid iddo, rwyt ti mewn perygl o fod yn drôl.

MAE KELLI JAMESON YN ACTORES OFNADWY A DDYLE HI DDIM BOD AR Y TELEDU

Ddylwn i ddim fod wedi ysgrifennu hyn. Yyy! Oes gen i gyrn ar fy mhen?

127

Mae'r hyn rwyt ti'n ei ysgrifennu ar y cyfryngau cymdeithasol yn effeithio ar y bobl sy'n ei ddarllen. Mae pobl enwog a ffigyrau cyhoeddus eraill – gwleidyddion, gweithwyr allweddol, darlledwyr ac ati – yn **BOBL GO IAWN,** ac mae'n bosib brifo eu **teimladau.** Cyn i ti bostio sylw cas, meddylia sut byddet ti'n teimlo yn cael dy alw'n enw o'r fath a dieithriaid llwyr yn bod yn gas i **TI.**

Os wyt ti'n meddwl dy fod ti wedi trolio rhywun, dydy hi ddim yn rhy hwyr i wneud  rhywbeth amdano. Dilea dy sylwadau ofnadwy ac ymddiheura. Cofia, os nad oes gennyt ti ddim byd da i'w ddweud wrth rywun...

PAID
Â DWEUD DIM BYD!

Dy arian a'r cyfryngau cymdeithasol

Efallai dy fod ti heb ystyried bod perthynas rhwng defnyddio'r cyfryngau cymdeithasol a gwario dy arian. Wrth glicio ar hysbyseb, neu lawrlwytho gêm am

ddim, efallai y byddi di'n talu am rywbeth yn gwbl annisgwyl. Mae angen gofalu nad wyt ti'n cael dy ddal gan sgamiau hefyd, a phobl yn gofyn i ti eu noddi neu roi arian iddyn nhw.

Heb sôn am brynu a gwerthu... mae cadw llygad ar dy arian yn gallu bod yn anodd!

Dim ond diweddaru fy llun proffil wnes i!

Hysbysebion, hysbysebion

Does dim angen talu am ddefnyddio platfformau nac apiau cyfryngau cymdeithasol oherwydd bod hysbysebion yn eu hariannu. Mae hysbysebion yn ymddangos ar dy borthiant, mewn rhan bwrpasol o'r ap, neu fel (**ffenestri naid**) , – *pop-ups* – ffenestri bach sy'n ymddangos yn sydyn ar dy sgrin.

Mae hysbysebion ar y cyfryngau cymdeithasol fel arfer 'wedi'u targedu'. Mae hyn yn golygu bod yr hysbysebion rwyt ti'n eu gweld yn seiliedig ar dy **oed, dy leoliad, dy rywedd** ac unrhyw wybodaeth arall amdanat ti rwyt ti'n ei datgelu ar dy broffil, fel dy **hobïau** a dy **ddiddordebau.**

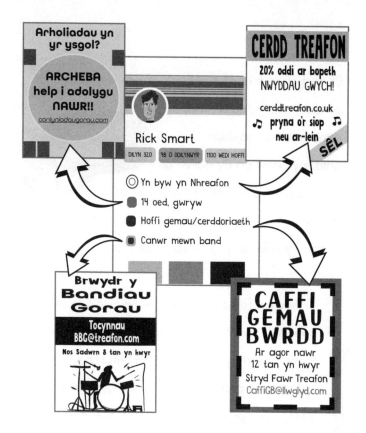

Mae hysbysebion wedi'u targedu hefyd yn ystyried pethau rwyt ti wedi'u prynu ar-lein, tudalennau rwyt ti wedi'u hoffi a dy (**hanes pori**), sef cofnod o'r gwefannau rwyt ti wedi edrych arnyn nhw yn ddiweddar. (**Cwcis**) ar wefannau sy'n rhoi gwybodaeth fel hyn i hysbysebwyr. Mae cwcis yn dy ddilyn ar bob safle.

Os wyt ti wedi bod yn edrych ar bâr penodol o esgidiau ar-lein, dyna pam mae hysbysebion amdanyn nhw yn dy ddilyn di ar dy gyfryngau cymdeithasol. Dydy'r rhyngrwyd ddim yn darllen dy feddwl, dim ond yn gwylio ac yn gwneud nodiadau.

Dyma dy sgidiau.

Er bod gorfod darllen testun am gwcis ar bron bob safle rwyt ti'n ymweld â nhw yn boen, mae'n bwysig dwyt ti ddim yn cau'r ffenestr naid yn syth, neu'n clicio 'DERBYN' i gael gwared ar y neges cyn gynted â phosib. Gallet ti fod yn caniatáu i dy ddata gael ei gasglu a hyd yn oed ei werthu i gwmnïau eraill.

Gofala dy fod ti'n darllen drwy'r testun ac yn clicio ar 'GWRTHOD POPETH — REJECT ALL' neu'n dewis y wybodaeth rwyt ti'n fodlon i'r safle ei chasglu. Wedyn clicia ar 'CADW DEWISIADAU — SAVE PREFERENCES'.

Anwybydda hysbysebion sy'n dy demtio i gael benthyciad diwrnod cyflog, neu fargen 'prynu nawr, talu wedyn' am y gitâr sydd wedi mynd â dy fryd. Mae'r cyfraddau llog — *interest rates* — uchel ar fenthyciadau diwrnod cyflog yn gofyn i ti dalu llawer iawn mwy na'r benthyciad gwreiddiol. Mae benthyciadau fel hyn a chynigion 'talu wedyn' yn gallu achosi llawer o **STRAEN** ac arwain at **HELYNT DIFRIFOL.**

Edrycha ar **Usborne Quicklinks** (tudalen 4) os oes angen help arnat ti gyda hyn.

£5000.00

Atal hysbysebion

Mae'n bosib lawrlwytho meddalwedd atal hysbysebion am ddim, OND ymchwilia iddyn nhw yn gyntaf i ofalu mai dim ond yr hysbysebion rwyt ti am eu hatal sy'n cael eu hatal. Mae rhai hefyd yn atal **pethau defnyddiol** fel basgedi siopa ar-lein a gwefannau archebu tocynnau.

Mae rhai yn gadael i ti ddewis peidio ag atal rhai pethau, ynghyd â gwefannau penodol rwyt ti'n fodlon derbyn hysbysebion ganddyn nhw, er mwyn cefnogi incwm gwefan sy'n deillio o hysbysebu.

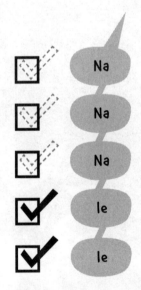

Ai sgam ydy o?

Nod sgamwyr yw cael gafael ar arian neu wybodaeth bersonol pobl. Mae erthyglau newyddion yn bod am bobl hŷn yn cael eu sgamio i ddatgelu eu manylion banc neu eu twyllo gan hysbyseb ar-lein. Gallet ti feddwl allai hynny ddim digwydd i ti oherwydd dy fod ti'n gyfarwydd â thechnoleg. Ond wrth i sgamiau ar-lein ddod yn fwy soffistigedig a ffynnu ar y cyfryngau cymdeithasol, **mae'n gallu digwydd i unrhyw un.**

I ddilyn, fe weli di fathau gwahanol o **sgamiau cyfryngau cymdeithasol** <u>a sut i'w</u> <u>HOSGOI</u> nhw...

E-BOST YN SYTH O DDESG

Banc Gwyn Gonest

Ni yw'r banc dibynadwy...

135

HYSBYSEBION FFUG AM SWYDDI

Mae'r rhain yn gallu hysbysebu swyddi sy'n talu cyflog mewn arian parod, gan awgrymu eu bod nhw'n 'gyflym', yn 'hawdd', neu'n 'lleol'. Efallai y byddan nhw'n gofyn i ti ddatgelu manylion personol, gofyn am ffi weinyddol neu am ffi am ymuno ymlaen llaw, neu am gael gweld dogfennau fel prawf o bwy wyt ti. Efallai y byddan nhw hefyd yn awgrymu anfon neges uniongyrchol atat ti gyda rhagor o fanylion, neu'n gofyn i ti ffonio rhif ffôn cyfradd premiwm.

AI DYMA DY SWYDD DDELFRYDOL?

- Tâl ANHYGOEL!
- Gweithio o UNRHYW LE!
- Oriau HYBLYG!
- Bonws GWYCH!

Paid â cholli'r cyfle!
✳ YMGEISIA HEDDIW ✳
Anfona dy enw a dy fanylion banc
i swyddidelfrydol@post.com

Mae un hysbyseb swydd 'gyflym a hawdd', yn gofyn i ti dderbyn arian i dy gyfrif banc, yna'i drosglwyddo'n ôl i'r sawl sy'n hysbysebu'r swydd, gan dalu ffi fach i ti am wneud. Yr awgrym yw bod hyn yn eu harbed rhag talu gormod o dreth, ond gwyngalchu arian yw hyn mewn gwirionedd, ac mae'n

ANGHYFREITHLON!

! Anwybydda hysbysebion swydd gyda sillafu a gramadeg gwael, a'r enw cyswllt yn defnyddio cyfeiriad e-bost personol. Paid â chlicio ar ddolen mewn unrhyw hysbyseb swydd neu neges nes y bydd di wedi ymchwilio i'r cwmni i wirio ei fod yn bodoli go iawn.

! Ni fydd unrhyw gwmni dilys yn gofyn am dy fanylion banc cyn i ti ddechrau'r swydd.

! Dylet ti fod yn amheus o gael cynnig swydd rwyt ti heb ymgeisio amdani, a chynigion personol gan asiantaethau rwyt ti heb gofrestru â nhw. Paid â chytuno i gyfnewid negeseuon uniongyrchol na chyfarfod â neb dwyt ti ddim yn ei adnabod. Os wyt ti'n amau, edrycha ar wefan y cwmni a chysyllta â nhw am ragor o wybodaeth.

RHYBUDD SGAM!

'ANGEN GWEITHREDU AR FRYS'

Mae sawl ffurf ar sgamiau fel hyn – ffenestr naid yn dweud dy fod ti wedi ennill rhywbeth a rhaid i ti anfon dy fanylion fanc o fewn hyn a hyn i hawlio dy wobr, neu neges yn dweud bod dy fanylion mewngofnodi wedi cael eu hacio neu ar fin dod i ben, a bod angen i ti eu mewnbynnu eto cyn gynted â phosib. Y nod yw dy **DDYCHRYN** fel dy fod ti'n gweithredu'n **GYFLYM**. Gwe-rwydo – *phishing* – yw'r enw ar y sgamiau yma.

Mae sgamwyr gwe-rwydo yn anfon negeseuon sy'n esgus bod gan gwmnïau safonol er mwyn twyllo pobl i ddatgelu gwybodaeth bersonol ac ariannol. Maen nhw'n gallu copïo logos a chyfeiriadau e-bost y cwmni ond fel arfer, dylai gwallau teipio, problemau gyda'r dyluniad neu elfennau amhroffesiynol eraill dynnu sylw at y ffaith mai sgam yw'r neges.

! Ni fydd cwmni dilys BYTH yn gofyn i ti gadarnhau gwybodaeth <u>ariannol</u> na manylion <u>mewngofnodi</u> drwy e-bost.

! Os yw'r neges yn gofyn i ti ffonio rhif, chwilia am y rhif ar-lein neu ffonia rif swyddogol y cwmni sydd wedi'i restru ar-lein yn lle hynny.

! Paid â chredu unrhyw neges sy'n dweud dy fod ti wedi ennill gwobr. GO BRIN y byddi di wedi ennill dim byd.

! Gwiria'n ofalus fanylion y neges a'r un sydd wedi ei hanfon. PAID Â BRYSIO.

RHYBUDD SGAM!

ABWYD CLICIO

Mae gan erthyglau abwyd clicio – *clickbait* – bennawd sy'n hoelio dy sylw ac yn gwneud i ti fod eisiau clicio arno i ddarllen mwy. Yn aml, rhoi hwb i (**draffig gwefan**) yw'r pethau bach clyfar hyn, ond weithiau sgamiau ydyn nhw. Mae sgamiau abwyd clicio yn gallu:

- gofyn i ti lawrlwytho meddalwedd i weld yr erthygl lawn, sydd yn gosod (**maleiswedd**) ar dy ddyfais.

- edrych fel neges gan ffrind yn dweud bod llun ohonot ti ar-lein, gyda dolen i'w chlicio er mwyn ei weld, neu hysbyseb sy'n dweud bod modd i ti wirio pwy sydd wedi edrych ar dy broffil.

Mae'r dolenni hyn wedyn yn dy gyfeirio di at dudalen cyfryngau cymdeithasol ffug i ddwyn dy fanylion mewngofnodi.

RWYT TI WEDI ENNILL!

! Mae hysbysebion ar gyfer cwisiau a holiaduron yn gallu edrych fel ychydig bach o hwyl, ond mae'n bosib y byddan nhw'n gofyn i ti roi dy rif ffôn i gael y canlyniadau, ac y byddi di'n tanysgrifio i wasanaeth testun premiwm heb yn wybod i ti.

! Paid â lawrlwytho apiau rhad ac am ddim sy'n gofyn i ti roi manylion personol, neu yn gosod maleiswedd.

AM DDIM!

! Paid â chlicio ar ddolenni gydag URL wedi'i gwtogi (cyfres o brif lythrennau a rhifau, mae'n debyg) sydd ddim yn dangos cyfeiriad gwe llawn y dudalen rwyt ti'n cael dy gyfeirio ati.

! Paid â defnyddio'r cyfryngau cymdeithasol ar ddyfais sy'n cael ei rhannu neu rwydwaith Wi-Fi cyhoeddus — mae'n bosib y bydd eraill yn gallu gweld dy wybodaeth bersonol.

RHYBUDD SGAM!

BUDDSODDIADAU BITCOIN

Mae sgamwyr yn aml yn hoffi cael eu talu gyda (**Bitcoin**). Efallai y byddan nhw'n cynnig dyblu dy gyfraniad Bitcoin os wyt ti'n buddsoddi gyda nhw, neu'n cynnig cyfnewid Bitcoin am arian parod. Mae sgamwyr gwe-rwydo yn dynwared brand Bitcoin. Bron bob tro, mae yna ddolen i glicio arni sy'n swnio'n rhy dda i fod yn wir.

Oni bai dy fod ti'n hyderus iawn gyda Bitcoin ac yn gyfarwydd â sgamiau fel hyn, mae'n haws ei osgoi'n gyfan gwbl ar y cyfryngau cymdeithasol.

Mae hwn yn edrych BRON fel y peth go iawn...

MEDDYLIA!

! PAID â rhannu gwybodaeth bersonol na manylion cyswllt ar y cyfryngau cymdeithasol.

! PAID BYTH ag anfon arian na rhoi dy fanylion banc i rywun dwyt ti ddim yn ei adnabod yn bersonol, a phaid byth â rhoi dy rif PIN i NEB.

! Gofala fod dy osodiadau preifatrwydd yn LLYM fel bod dieithriaid yn methu anfon negeseuon atat ti.

Marchnata llechwraidd

Yn aml, mae pobl yn hoffi darllen adolygiadau neu gael argymhellion gan ffrindiau cyn iddyn nhw wario'u harian – mae ganddyn nhw fwy o ffydd mewn pobl 'go iawn' na hysbysebwyr. Os wyt ti'n treulio llawer o amser yn dilyn dylanwadwyr a phobl broffesiynol eraill ar y cyfryngau cymdeithasol, efallai y byddi di'n datblygu cymaint o ffydd yn eu barn nhw â barn dy ffrindiau.

Mae hynny'n gwneud dylanwadwyr yn atyniadol iawn i hysbysebwyr. Mae llawer o frandiau'n anfon cynnyrch am ddim at ddylanwadwyr yn y gobaith y byddan nhw yn ei hoffi ac yn ei argymell i'w cynulleidfa. Dyma yw marchnata llechwraidd, neu farchnata anuniongyrchol.

RHYWBETH BACH I TI.
GOBEITHIO Y BYDDI DI'N EI HOFFI!
GAN
Ysgytlaeth Ysgytwol

Ond weithiau, mae brandiau'n rhoi arian i ddylanwadwyr i argymell (dy annog di i'w ddefnyddio) cynnyrch – 'hyrwyddo cynnyrch â thâl' yw hyn. Mae deddfau gan rai gwledydd sy'n mynnu ei bod yn rhaid i ddylanwadwyr ei gwneud hi'n amlwg i'w cynulleidfa eu bod nhw'n cael eu talu am argymell cynnyrch, ond dydy hynny ddim yn wir ym mhobman.

Does dim o'i le ar dderbyn argymhellion gan ddylanwadwyr a phobl broffesiynol eraill ar y cyfryngau cymdeithasol, ond cofia y gallan nhw fod yn rhoi'r flaenoriaeth i **werthu rhywbeth,** felly gofynna i ti dy hun tybed ai hysbyseb mae rhywun wedi talu amdani yw hon.

Hefyd, gofala dy fod ti'n edrych ar adolygiadau ar-lein a hola dy ffrindiau i gael syniad gwell am werth cynnyrch neu wasanaeth.

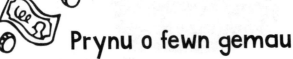

Prynu o fewn gemau

Mae llawer o gemau rhad ac am ddim yn cael eu hysbysebu ar y cyfryngau cymdeithasol. Rwyt ti'n gallu eu lawrlwytho a'u chwarae ar dy ffôn, yn ogystal â'u chwarae ar wefannau gemau cymdeithasol pwrpasol. Er eu bod 'am ddim', bwriad y gemau yw annog chwaraewyr i **wario arian**.

Pan fyddi di'n cofrestru i chwarae, mae'r gêm yn gofyn i ti gofrestru cerdyn banc os dwyt ti ddim wedi gwneud hynny'n barod. Fel mae'r gêm yn cyrraedd pwynt cyffrous, bydd ffenestr naid yn ymddangos yn gofyn i ti a wyt ti eisiau cael mynediad at fwy o lefelau, adennill bywydau neu brynu eitemau newydd.

Mae'n bosib y byddi di'n pwyso'r botwm 'pryna nawr' heb aros i ystyried y gost. Mae hyn yn gallu arwain at wario swm mawr o arian, ac mae straeon am bobl yn gwario arian mawr ar eu cardiau banc, heb hyd yn oed sylweddoli eu bod wedi talu arian GO IAWN.

Hyd yn oed mewn gemau rwyt ti'n talu amdanyn nhw, neu yn talu tanysgrifiad i'w chwarae, mae opsiwn yn aml i **brynu buddion chwarae, neu i ddatgloi nodweddion arbennig.** Dydy hyn ddim yn deg iawn ar chwaraewyr sydd ddim yn gallu fforddio talu am bethau ychwanegol. Os yw gêm yn annheg, mae'n siŵr nad yw'n gymaint o hwyl i'w chwarae, ac os wyt ti'n talu am fantais, dwyt ti ddim yn gallu ymfalchïo mai dy waith caled a dy sgiliau di sy'n gyfrifol am dy lwyddiant.

Dwi'n ANORCHFYGOL ar ôl uwchraddio cymaint!

DynCefnog007
LEFEL 129

Dim ond y sosban a'r llwy am ddim ges i.

GwionBach459
LEFEL 3

Wrth gofrestru i chwarae gêm, defnyddia gerdyn gyda **SWM PENODOL** o arian arno, wedyn fyddi di **BYTH** yn gwario <u>mwy na hyn.</u> Ar rai apiau, yn y ddewislen o dan 'gosodiadau', galli di ddiffodd y gallu i brynu eitemau fel rhan o'r gêm.

Dyna syniad da!

Un bach arall...

Pan fyddi di'n dechrau talu i ddatgloi eitemau ychwanegol mewn gêm, **gall fod yn anodd rhoi'r gorau iddi.** Mae rhai gemau'n cynnig elfen talu am rywbeth ar hap, lle rwyt ti'n gallu ennill (talu am) rywbeth digon diddim, neu wobr fel rhan o'r gêm.

CLICIA I ENNILL BYWYD ARALL...

CLIC

UN DARN ARIAN I CHWARAE

HWRÊ! 4 mewn rhes! Dwi'n teimlo'n lwcus...

Gallai cynigion fel hyn ddod yn aml wrth i ti chwarae. Er eu bod nhw'n eitha rhad, **galli di fynd yn gaeth i dalu,** a gwario llawer o arian. Fel arfer, oes dim rhaid bod yn oed penodol i chwarae gemau fel hyn sy'n gallu dy wneud di'n gaeth iddyn nhw, a dydyn nhw ddim yn dod o dan ddeddfau hapchwarae.

Cofia,

bwriad y gemau hyn yw **gwneud arian i'r DATBLYGWYR** drwy ffenestri naid a chynigion atyniadol. Felly MEDDYLIA'N OFALUS a wyt ti'n fodlon cael dy lyncu ganddyn nhw.

Prynu a gwerthu

Mae gan rai apiau cyfryngau cymdeithasol dudalennau prynu a gwerthu pethau mewn ffordd anffurfiol. Dyma rai **pethau cyffredinol i'w cofio wrth brynu a gwerthu ar-lein:**

Prynu

SONIA WRTH OEDOLYN am beth rwyt ti'n bwriadu ei brynu a gad iddo weld y negeseuon rhyngot ti a'r gwerthwr. (Paid â chael dy dynnu i mewn i negeseuon am ddim byd heblaw am y peth rwyt ti'n ei brynu.) Felly, mae help wrth law os yw'r gwerthwr yn cysylltu'n ddiangen â ti unrhyw bryd.

DEFNYDDIA GYSYLLTIAD RHYNGRWYD DIOGEL BOB AMSER wrth siopa ar-lein – paid â defnyddio Wi-Fi cyhoeddus – i gadw dy fanylion ariannol yn ddiogel.

PAID Â THALU DRWY DROSGLWYDDIAD BANC. Tala ar-lein drwy safle talu dibynadwy neu gofynna i riant neu warcheidwad a gei di ddefnyddio ei gerdyn credyd. Mae hyn yn dy amddiffyn os nad yw'r gwerthwr yn anfon dy eitem. (Os wyt ti'n cael cais i 'arbed' manylion dy gerdyn, ticia 'na'.)

Os yw'r gwerthwr yn byw yn lleol, **COFIA FYND AG OEDOLYN GYDA TI** i dalu am eitem neu i'w nôl.

Aiff e mewn i'r car?!

Dad, mae'n iaaawn.

Gwerthu

Gofala dwyt ti ddim MEWN UNRHYW LUN o'r eitem rwyt ti'n ei gwerthu.

Cofia gynnwys COST POSTIO yn y pris.

Os yw'r prynwr yn dod i nôl dy eitem, PAID Â RHOI DY GYFEIRIAD IDDO NES Y BYDD WEDI PRYNU'R EITEM. Trefna amser i'r prynwr ei nôl pan fydd oedolyn gartre gyda ti. Os yw'r prynwr yn cyrraedd yn annisgwyl ac rwyt ti ar dy ben dy hun, paid â gadael iddo ddod i'r tŷ. Trefna amser mwy cyfleus.

Os yw prynwr neu werthwr yn tarfu arnat ti neu'n achosi gofid i ti, RIPORTIA hynny drwy'r ap a dywed wrth oedolyn.

Ewyllys da

Mae ceisiadau am roddion a nawdd yn ymddangos drwy'r amser ar y cyfryngau cymdeithasol. Mae yna **lawer o safleoedd dilys** ar gyfer noddi rhywun, neu i gyfrannu at achos da neu ymgyrch (cyfrannu torfol) – *crowdsourcing*. Os wyt ti am gyfrannu arian fel hyn, GWIRIA BOB TRO fod y ddolen rwyt ti wedi'i chael yn cyfeirio at safle dibynadwy.

Achubwch yr ORANGWTANG

IgwanaUnigryw

Www-hww, dwi wedi ENNILL clustffonau newydd!

EfaHiaFoaNhw

Beeee? Sut?

IgwanaUnigryw

Bod y 100fed ymwelydd â safle TrysorfaTech.

EfaHiaFoaNhw

O, un o'r ffenestri naid amheus 'na, paid â chlicio arnyn nhw!

IgwanaUnigryw

Dim ond fy nghyfeiriad e-bost roedden nhw eisiau...

EfaHiaFoaNhw

Tynna dy enw oddi ar eu rhestr e-byst nhw - byddan nhw'n trio cael dy fanylion banc di!

Marchnata iechyd a ffitrwydd

Os wyt ti erioed wedi prynu dillad chwaraeon neu chwilio ar-lein am rysáit smwddi, mae'n debyg y byddi di'n dechrau gweld pethau'n ymddangos ar dy gyfryngau cymdeithasol. Hysbysebion a negeseuon gan hyfforddwyr ffitrwydd, dewiniaid deiet a llawer o bobl eraill yn y busnes iechyd neu ffitrwydd, sydd, **i gyd yn addo newid y fford rwyt ti'n EDRYCH ac yn TEIMLO.**

PING!

PING!

PING!

PING!

PING!

Dechreua dy daith ffitrwydd **HEDDIW!**
YMUNO

Rho gynnig ar ein cynllun bwyta **NEWYDD!**
YMUNO

Edrych yn brydferth, teimlo'n wych! **NAWR AMDANI!**
DERBYN

Cynnig newydd!

Mae golwg ddigon diniwed ar negeseuon sy'n hyrwyddo ffordd iachach o fyw. Ond gyda brandiau harddwch a ffasiwn, a dylanwadwyr enwog yn argymell cynnyrch a gwasanaethau i wella dy ffordd o fyw, mae'r llif hwn o gyngor yn gallu teimlo fel **un hysbyseb barhaus am ffordd well o fyw** – un sy'n gofyn am ymroddiad parhaus a DY ARIAN.

Cyn i ti gofrestru ar gyfer y cynnyrch neu'r gwasanaeth diweddaraf sy'n addo 'newid dy fywyd', **gwna dy ymchwil** a MEDDYLIA'N OFALUS am beth fyddai <u>wir</u> yn gwneud i ti deimlo'n hapusach ac yn iachach.

Dod i ddeall ffitrwydd

Mae'r dechnoleg ar gael i ni gofnodi llawer am ein bywydau – **BLE** rydyn ni, **BETH** rydyn ni'n ei wneud a gyda **PHWY** rydyn ni'n ei wneud, yn enwedig wrth ymarfer corff.

Helô. Roedd fy oriawr glyfar i'n dweud dy fod ti yma!

Mae tracwyr poblogaidd rwyt ti'n gallu eu gwisgo, monitorau a thechnolegau clyfar eraill ar gael sy'n gallu dadansoddi cyfradd curiad dy galon, faint rwyt ti'n chwysu, a hyd yn oed pa mor dda rwyt ti'n cysgu. **Mae'n ddiddorol...**

...ond ydy o'n <u>angenrheidiol?</u>

Mae'r dechnoleg hon yn ddrud ac mae'r holl
wybodaeth yn gallu teimlo ychydig yn ormod,
yn enwedig os dwyt ti
ddim yn siŵr beth mae'r
cyfan yn ei olygu, na
beth yw ei bwynt.

Hyfforddiant personol

Mae'n bwysig gofalu am dy iechyd gyda **deiet
cytbwys ac ymarfer corff,** ond bydda'n
wyliadwrus o hysbysebion a fforymau lle mae

hyrwyddwyr iechyd a
ffitrwydd yn honni y
gallan nhw helpu –
drwy ddweud beth
sy'n normal a beth
sydd ddim, a beth i'w
wneud ynglŷn â
hynny.

Mae cyngor iechyd a ffitrwydd proffesiynol yn aml yn cael ei hysbysebu fel un wedi'i deilwra'n bwrpasol, neu'n broses un-i-un. Mae hynny'n golygu ei fod yn DDRUD, gan dy fod ti'n talu am **holl sylw arbenigwr,** yn hytrach na chael awgrymiadau yn ystod sesiwn ymarfer corff neu ddosbarth ymarfer corff.

Efallai y byddi di'n cytuno i dalu os wyt ti'n tanysgrifio i wahanol raglenni ffitrwydd personol neu gynlluniau prydau bwyd, a gallai'r rheini fod yn ddiangen.

Ydw i bron yna eto?

Os wyt ti'n poeni am dy gorff am ryw reswm, dywed sut rwyt ti'n teimlo wrth nyrs neu gwnselydd yn yr ysgol, ac fe gei di help i gael cyngor.

Edrycha ar Usborne Quicklinks (tudalen 4) i ddysgu mwy am sut i fod yn fwy egnïol ac iach.

Beth i'w fwyta

Mae pobl yn chwilio am gyngor ynglŷn â bwyd am resymau gwahanol – **alergeddau** neu **anoddefiad** – *intolerance* – **bwyd**, am eu bod nhw eisiau **colli neu fagu pwysau**, neu am eu bod nhw eisiau help gyda'u **ffitrwydd**. Mae'r galw mawr am gyngor ar 'fwyta'n iach' yn golygu bod hysbysebion ar gyfer cynhwysion 'newydd', cynhyrchion a chynlluniau phrydau bwyd anhygoel i'w gweld drwy'r amser.

MELON DŴR BENDIGEDIG
DOES DIM ANGEN BWYTA DIM BYD ARALL!

Dylanwadwyr ac enwogion sy'n creu neu'n cymeradwyo llawer o'r rhain. Mae hyn yn gwneud i ni gredu ynddyn nhw, hyd yn oed os NAD yw'r unigolion hynny'n arbenigwyr ar faeth (bwyd iach).

Mae dylanwadwyr ac enwogion <u>yn aml yn cael eu</u> <u>TALU i hyrwyddo cynnyrch a gwasanaethau</u> felly, ynghyd â'r wybodaeth ddryslyd yn y maes hwn, mae'n **anodd gwybod pwy i ymddiried ynddo.**

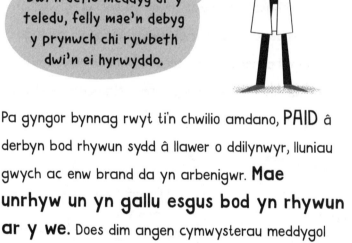

Dwi'n actio meddyg ar y teledu, felly mae'n debyg y prynwch chi rywbeth dwi'n ei hyrwyddo.

Pa gyngor bynnag rwyt ti'n chwilio amdano, PAID â derbyn bod rhywun sydd â llawer o ddilynwyr, lluniau gwych ac enw brand da yn arbenigwr. **Mae unrhyw un yn gallu esgus bod yn rhywun ar y we.** Does dim angen cymwysterau meddygol na phrawf effeithiolrwydd i honni dy fod ti'n arbenigwr ar ddeiet neu'n ddewin ymarfer corff.

Siarada â dy feddyg teulu neu nyrs ysgol a fydd yn gallu dy helpu i ddod o hyd i ddeietegwyr, maethegwyr a gweithwyr iechyd proffesiynol a chofrestredig.

Atebion cyflym

I ofalu am dy iechyd, rhaid i ti roi amser ar gyfer ymarfer corff a **gwerthfawrogi dy les.** Weithiau mae hynny'n anodd, felly mae'r diwydiant colli pwysau yn gwneud arian drwy berswadio pobl y bydd eu hiechyd yn gwella drwy golli pwysau, ac yn hyrwyddo **deietau chwiw** – *fad diets* – ar y cyfryngau cymdeithasol. Mae deiet chwiw yn cael ei hyrwyddo'n aml fel deiet tymor byr oherwydd ei fod yn cyfyngu ar fwydydd penodol, ac yn tueddu i wneud honiadau AFREALISTIG (am golli pwysau). Mae dilyn deiet chwiw yn gallu gwneud bwyta'n ddiflas ac yn llawn straen.

Yn ogystal â deietau chwiw, mae'r diwydiant bwyta'n iach yn hyrwyddo deietau a chynnyrch sy'n **puro** ac yn dadwenwyno'r corff. Mae 'puro' yn gallu swnio'n beth tyner hyfryd, ond mae'n <u>ddiangen</u>, ac mae'n aml yn golygu mynd heb brydau bwyd neu dreulio llawer o amser ar y tŷ bach.

Os wyt ti'n poeni am dy bwysau neu siâp dy gorff, siarada ag oedolyn y galli di ymddiried ynddo, fel bod rhywun yn gwybod sut rwyt ti'n teimlo. Petaet ti'n llwyddo i golli neu ennill pwysau, fydd hyn ddim yn barhaol, oherwydd does **NEB yn gallu cadw at ddeiet chwiw neu detox am byth.** Os wyt ti'n <u>mabwysiadu agwedd gyson</u> tuag at ddod yn ffit ac yn iach, rwyt ti'n llawer mwy tebygol o allu cynnal lefel dda o iechyd a ffitrwydd yn y tymor hir, ac yn llai tebygol o ddatblygu perthynas afiach â bwyd.

'Fel rhan o ffordd iach o fyw'

Mae rhan fawr o farchnata iechyd a ffitrwydd yn canolbwyntio ar **atchwanegion deietegol,** – *dietary supplements,* sy'n cael eu marchnata ar y cyfryngau cymdeithasol fel pethau 'hanfodol' i helpu dy gorff i weithio'n dda.

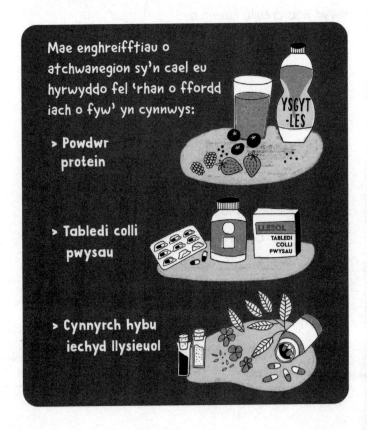

Mae enghreifftiau o atchwanegion sy'n cael eu hyrwyddo fel 'rhan o ffordd iach o fyw' yn cynnwys:

> Powdwr protein

> Tabledi colli pwysau

> Cynnyrch hybu iechyd llysieuol

Mewn gwirionedd, does DIM angen y pethau hyn ac **efallai nad ydyn nhw yn gwbl ddiniwed.** Mae hyd yn oed cynhyrchion sy'n cael eu marchnata fel rhywbeth 'seiliedig ar blanhigion', 'naturiol', neu 'llysieuol' yn gallu bod yn niweidiol, oherwydd mae eu gwerthiant heb ei reoleiddio o gwbl. Mae hynny'n golygu bod UNRHYW UN yn gallu eu cynhyrchu, eu gwerthu a honni eu bod nhw yn 'rhyfeddol' o ran iechyd a maeth.

Mae bron iawn yn gwbl naturiol...

Dydy atchwanegion DDIM yn feddyginiaethau, ac efallai y byddan nhw'n ymyrryd ag unrhyw feddyginiaethau rwyt ti yn eu cymryd.

Er bod rhestr o'u cynhwysion i fod gan y cynhyrchion, does dim rhaid i'r rhai sy'n eu gwneud brofi beth sydd ynddyn nhw, na'u bod nhw'n gweithio hyd yn oed. Mae'n bosib, felly, y byddan nhw'n achosi problemau wrth eu treulio, ac yn waeth fyth, **DY WNEUD DI'N <u>SÂL</u>**.

Gallai tabledi ac atchwanegion sy'n cael eu gwerthu ar y cyfryngau cymdeithasol fod wedi cael eu mewnforio o dramor ac efallai <u>na fydd ganddyn nhw unrhyw rybuddion iechyd, na gwybodaeth am y ddos gywir</u>. Ond mae'n bosib bod print mân yn rhywle sy'n cynnwys **ymwadiad,** sef brawddeg sy'n dweud NAD problem y gwneuthurwr na'r gwerthwr fydd unrhyw niwed sy'n deillio o'r cynnyrch.

Beth sy'n dy ysgogi di?

Efallai y byddi di'n methu peidio â gweld delweddau o gyrff gogoneddus ar dy borthiant cyfryngau cymdeithasol. Bwriad hysbysebion sy'n defnyddio'r delweddau hyn yw dy ysgogi i dy gymharu dy hun a phenderfynu bod angen i ti newid dy wyneb, dy gorff neu dy ffordd o fyw.

Efallai y byddi di eisiau bod yn fwy ffit ac iach er dy fwyn **DI,** ond wedyn yn cael dy hudo gan yr addewid o gael corff 'gwell' neu siâp corff hyrwyddwr iechyd a ffitrwydd. Cyn pen dim, byddi di'n ceisio cael siâp corff penodol er mwyn **creu argraff ar <u>bobl ERAILL.</u>**

Pwy osododd y bar? Nid fi. Oes unrhyw un arall yn neidio dros hwn?

Os wyt ti'n sylwi arnat ti dy hun yn datblygu **obsesiwn** gydag ymarfer corff neu gynllunio prydau bwyd, neu'n mynd yn **orbryderus** am dy olwg a dy gynnydd, gallet ti fod mewn perygl o dy niweidio dy hun yn gorfforol neu'n feddyliol gyda dy nodau iechyd a ffitrwydd. Os wyt ti'n teimlo dy fod ti'n methu rheoli dy ddeiet a dy ymarfer corff, gofala dy fod **ti'n siarad ag oedolyn y galli di ymddiried ynddo** a fydd yn gallu dy helpu, fel nyrs ysgol neu gwnselydd.

Mae'n bosib mai'r cyfan sydd ei angen arnat ti i **deimlo'n hapus ac yn iach** yw ymuno â chlwb chwaraeon neu fynd i nofio neu redeg gyda ffrind.

SBLASH

Mae hyn yn GYMAINT O HWYL!

Cael y llun perffaith

Ar y cyfryngau cymdeithasol, mae pobl **WRTH EU BODD** yn dangos **beth maen nhw'n ei wneud, pryd maen nhw'n ei wneud**, ac mae pobl yn gallu tynnu lluniau o ansawdd uchel ar eu ffonau clyfar i'w lanlwytho yn y fan a'r lle. Mae hynny'n golygu bod rhywbeth newydd a diddorol i'w weld fel arfer pryd bynnag y byddi di'n mynd ar y cyfryngau cymdeithasol.

Ydy hyn yn ddigon? Mae 'ngên i'n brifo!

Mae'r holl negeseuon atyniadol hyn yn gallu gwneud i ti deimlo y dylet **TI** hefyd fod yn postio lluniau o wyliau hyfryd, hunluniau cyfareddol a gweithgareddau hwyliog, ond efallai fod creu'r lluniau hyn wedi bod yn broses fwy trafferthus o lawer nag y byddet ti'n ei ddychmygu!

Gyda **MILIYNAU** o luniau yn cael eu lanlwytho i'r cyfryngau cymdeithasol bob dydd, mae cael llun trawiadol yn gallu troi'n **gystadleuol**, ac yn dipyn o <u>obsesiwn</u> hyd yn oed.

Rhaid i fi gael y llun 'paned ffwrdd-â-hi' yma'n iawn cyn y machlud.

Mae ymdrechu'n rhy galed i dynnu llun 'diymdrech' neu heb ei gynllunio yn gallu amharu ar natur hwyliog gwyliau neu dreulio amser gyda ffrindiau, a **does dim rhaid i ti gofnodi POB peth** rwyt ti'n ei wneud.

Yn lle treulio dy holl amser yn meddwl am y cyfle nesaf am lun, cofia **fwynhau'r ennyd go iawn**, <u>heb</u> **dy ffôn.** Gallet ti olygu dy luniau yn ddiweddarach i gael yr effaith rwyt ti'n chwilio amdani.

Dwylo'n rhydd i wneud pethau eraill!

Hidlyddion artistig a hwyliog

Mae gan lawer o apiau nodweddion sy'n dy helpu i olygu lluniau a fideos, fel **cylchdroi** a **thocio**. Yn ogystal, maen nhw'n aml yn cynnig dewis o hidlyddion amrywiol i ti. Galli di ddefnyddio hidlyddion i greu effeithiau gwahanol ar luniau a fideos, i'w gwneud yn fwy deniadol neu ddoniol.

Mae **hidlyddion lluniau** yn newid y golau a'r lliwiau mewn llun, i roi naws wahanol iddo. Efallai dy fod ti am wneud i'r llun edrych yn hŷn neu'n fwy atmosfferig, ei ystumio — *distort* — neu ei wneud yn fwy siarp neu ddeniadol. Mae hidlyddion ar gael i greu'r holl effeithiau hyn, a throi dy lun yn gampwaith.

DY LUN DI   ANEGLUR   ONGL LYDAN

Galli di hefyd ddefnyddio hidlyddion i ychwanegu graffeg sy'n edrych fel sticeri at dy luniau. Gallet ti ychwanegu sêr aur disglair, neu nodweddion cartŵn ac ati.

Mae **hidlyddion fideo** yn aml yn defnyddio graffeg wedi'i hanimeiddio, fel nodweddion comedi dros ben llestri, sy'n cydsymud â'r un sydd yn y fideo. Delweddau digidol wedi'u gosod dros fideo go iawn yw'r rhain, gan wneud iddyn nhw edrych fel petaen nhw'n rhyngweithio â'r amgylchedd go iawn.

Mae defnyddio hidlyddion yn **ddull cyflym a hawdd** i fywiogi lluniau a fideos. Gan fod cymaint ar gael, does dim angen y ffôn diweddaraf, dillad gan ddylunwyr enwog na theithiau drud i greu delweddau trawiadol. Cofia, mae'n bosib mai hidlydd sy'n gyfrifol am nifer fawr o'r lluniau perffaith yr olwg sy'n llenwi dy borthiant.

Hidlyddion wyneb

Mae hidlyddion 'harddwch' yn boblogaidd iawn. Maen nhw'n 'gwella' wynebau ac yn gallu gwneud **dannedd yn wynnach, croen yn llyfnach** a hyd yn oed **newid siâp nodweddion wyneb.** Pan fyddi di'n defnyddio hidlydd hwyliog, mae'r addasiadau yn amlwg. Ond mae hidlyddion harddwch yn gynnil iawn a <u>dydy'r un sydd yn edrych ar y llun ddim i fod i sylwi arnyn nhw.</u>

Mymryn bach o golur...

Efallai y byddi di am olygu dy hunluniau i gael gwared ar ryw nam sydd gennyt ti (yn dy farn di). Gallai hynny wneud i ti fod yn **fwy hyderus** wrth bostio dy hunluniau ar-lein.

Ond gyda CHYMAINT o ddulliau golygu ar gael, mae'n bosib y bydd hi'n <u>anodd i ti wybod pryd i roi'r gorau iddi</u>. Golygu yma, golygu draw... golygu, golygu AR BOB LLAW, a chyn i ti droi, mae gennyt ti hunlun sy'n edrych yn hollol WAHANOL i ti.

Paid â cholli golwg arnat ti dy hun

Fyddai rhai <u>byth</u> yn rhoi llun ohonyn nhw'u hunain
ar y cyfryngau cymdeithasol heb ei roi drwy
hidlydd. Ond os wyt ti'n defnyddio hidlyddion drwy'r
amser, gofala dy fod ti'n cymryd cam yn ôl
weithiau. Efallai y byddi di'n gweld dy fod ti'n hoffi'r
ti **GO IAWN**.

Mae'n bosib bod gennyt ti nodweddion dwyt ti ddim
yn gwbl hapus â nhw. Ond cofia – rwyt ti'n
**unigryw, nid yn rhithffurf oddi ar y
silff.** Mae hunlun yn cynrychioli'r hyn rwyt ti. Does
dim pwynt golygu'r hyn sy'n dy wneud di yn **TI**.

Dwi'n chwilio am
yr wyneb iawn...

Wyt ti'n
dod?

OCHR HYLL
hidlyddion harddwch

Rhai o effeithiau mwyaf poblogaidd yr hidlyddion gwella pryd a gwedd yw gwneud y CROEN YN OLEUACH, WYNEBAU'N DENEUACH a LLYGAID YN FWY. Delfrydau Gorllewinol yw'r rhain, ac wrth i'r hidlyddion hyn ddod yn fwy poblogaidd, rwyt ti'n gweld yr un math o wynebau yn ymddangos drosodd a throsodd, gydag YCHYDIG IAWN O AMRYWIAETH.

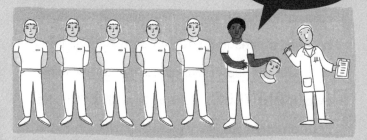

Ym, dydy fy wyneb i ddim yn addas i hwn.

Efallai dy fod ti am fod yn debyg i bawb arall, ond does

DIM rheolau ffasiwn a harddwch.

Dechreua dy ffasiwn dy hun, neu anwybydda nhw i gyd!

Dim hidlydd

Os wyt ti'n methu dod o hyd i hidlydd i greu'r effaith rwyt ti'n chwilio amdani, a bod gennyt ti amser i archwilio ac ymarfer, gallet ti greu **dy olwg di dy hun.** Mae digon o diwtorialau colur a harddwch ar y cyfryngau cymdeithasol, a llawer o artistiaid colur yn defnyddio dim ond colur a'u hwyneb eu hunain fel cynfas i wneud gwaith ANHYGOEL. Paid ag ofni **arbrofi**. Neu beth am greu llun unigryw GO IAWN, yn hytrach na defnyddio hidlydd safonol, ac ymfalchïo yn dy waith caled?

Lludded lluniau

Mae hysbysebion mewn rhyw ffurf neu'i gilydd ar y rhan fwyaf o apiau cyfryngau cymdeithasol. Felly rwyt ti'n gweld **llif cyson o ddelweddau hysbysebu** sy'n awgrymu beth dylet ti:

ei brynu,

ei wisgo

neu ei wneud...

Fe allai hyn oll wneud i ti deimlo **dy fod ti'n methu cystadlu** â'r portread hwn o'r bywyd perffaith. OND COFIA, <u>DOES DIM **RHAID** I TI!</u>

Mae lluniau'n <u>oddrychol</u> – hynny yw, **does neb yn eu gweld yn yr un ffordd.** Mae rhywbeth sy'n edrych yn DDELFRYDOL i un person yn edrych yn HOLLOL WAHANOL i rywun arall.

Os yw sgrolio drwy luniau 'perffaith', neu trio eu hail-greu, yn achosi mwy o <u>straen na mwynhad</u> i ti, neu yn gwneud i ti dy gymharu dy hun â delweddau mewn ffordd NEGYDDOL...

Mae'n bryd i ti ROI'R GORAU I DDILYN cyfrifon sy'n gwneud I TI DEIMLO'N DDRWG amdanat ti dy hun.

Neu efallai ei bod hi'n bryd i ti gael seibiant o'r cyfryngau cymdeithasol, a threulio peth amser yn **creu atgofion hwyliog ALL-LEIN.**

180

Delwedd corff a'r cyfryngau cymdeithasol

Gyda'r holl ddelweddau o wynebau a chyrff 'delfrydol', ynghyd â lluniau wedi'u **hidlo** a'u **dewis yn ofalus** gan dy ffrindiau a dy enwau cyswllt, mae'r cyfryngau cymdeithasol yn gallu teimlo fel un pasiant harddwch parhaus.

Ddrych, ddrych, dwi ddim yn wych...

Wrth edrych ar y delweddau di-ben-draw, mae'n anodd peidio â chymharu'n gyson ac mae hynny'n gallu'n gwneud ni i gyd yn feirniaid. Unwaith rwyt ti'n edrych arnat **TI DY HUN** yn feirniadol, mae'n aml yn anodd iawn rhoi'r gorau i wneud hynny.

Mae bod yn **gadarnhaol** am dy gorff yn agwedd bwysig ar iechyd meddwl da, felly rhaid gofalu cymaint am dy hyder corfforol gymaint ag am dy iechyd corfforol. Os yw'r delweddau sydd ar y cyfryngau cymdeithasol yn llethu dy hyder, mae'r un peth yn digwydd i bobl eraill hefyd.

Dydy'r hyn rwyt ti'n ei weld ar y cyfryngau cymdeithasol **DDIM BOB TRO** yn wir. Wrth i ti sgrolio drwy'r delweddau hyn, mae'n bwysig bod yn ymwybodol o **SUT** a **PHAM** maen nhw wedi'u creu, a pha mor <u>artiffisial</u> yw llawer ohonyn nhw, fel nad wyt ti'n **colli golwg ar realiti.**

Cuddio brychau

Cuddio brychau – *airbrushing* – yw'r broses o <u>newid lluniau yn ddigidol</u> i wneud i bobl a chynhyrchion fod 'yn fwy deniadol'. Mae'n digwydd mewn unrhyw ddiwydiant sy'n defnyddio lluniau o bobl – o fyd ffasiwn i fyd codi pwysau.

Y GWREIDDIOL

CUDDIO BRYCHAU

Mae hysbysebwyr yn defnyddio modelau i wneud i gynhyrchion fod mor ddeniadol â phosib. Y nod yw gwneud i bobl fod ag **uchelgais** o edrych fel y model, a chredu ei bod hi'n bosib gwneud hynny drwy brynu beth bynnag sy'n cael ei hysbysebu.

Dydy hyn ddim oherwydd bod dim byd o'i le ar sut olwg sydd ar y model go iawn, ond oherwydd bod yr hysbysebwyr am greu delfryd mor <u>atyniadol</u>, bydd cwsmeriaid yn **methu peidio â gwario'u harian.**

Mae cuddio brychau yn gallu gwneud i hyd yn oed **enwogion deimlo'n ansicr** – does gan lawer ddim llais pan fydd lluniau ohonyn nhw'n cael eu newid gan yr hysbysebwyr a'r brandiau maen nhw'n gweithio gyda nhw. Pan fydd enwogion yn camu allan i'r byd go iawn, mae hynny'n golygu eu bod nhw'n cystadlu â delweddau digidol o'u hunain, gan wybod NAD YDYN NHW'N REAL.

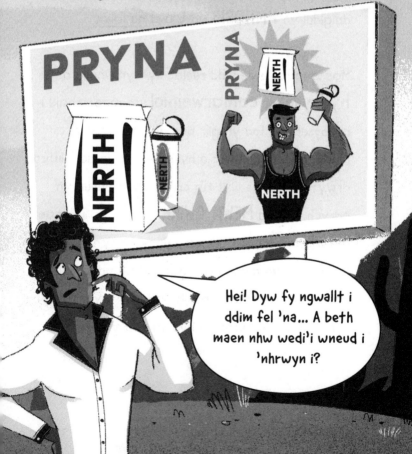

Ceisio cyflawni'r amhosib

Wrth gwrs, mae'r math hwn o olygu lluniau yn anodd ei weld, ac os dwyt ti ddim yn ymwybodol o pa mor aml mae'n digwydd, fe allet ti'n hawdd cael dy dwyllo i gredu bod pob model yn edrych fel y maen nhw yn eu lluniau. Dydy hysbysebwyr **DDIM YN POENI** bod gwedd sydd wedi'i newid yn ddigidol yn **AMHOSIB** yn y byd go iawn.

Mae gan rai gwledydd reolau sy'n ymwneud â **hysbysebu camarweiniol**, ac mae'n rhaid i hysbysebwyr fod yn glir bod delwedd wedi ei newid, ond mae llawer o hysbysebion yn dal i lithro drwy'r rhwyd. Os wyt ti'n credu bod rhywun yn edrych fel yna **MEWN GWIRIONEDD**, galli di gael dy argyhoeddi bod prynu'r cynnyrch sy'n cael ei hysbysebu yn mynd i allu gwneud i ti edrych fel yna hefyd. Ond mae'n bosib nad yw'r wynebau a'r cyrff yn yr hysbysebion hyd yn oed yn bodoli.

Mae hysbysebwyr yn gallu fforddio gwario llawer o arian ar <u>wallt, colur, set, gwisgoedd</u> **A** modelau i greu llun gwych, **AC YNA** ei newid yn ddigidol. Mae'r delweddau hyn yn gallu gwneud i bobl wario eu harian er **eu gwaethaf**, ond mae hefyd yn gallu gwneud i bobl bryderu'n fawr am eu golwg.

Gyda thechnoleg ddigidol, mae dylunydd yn gallu creu **UNRHYW** ddelwedd o berson.

CLIC

UNRHYW gorff i unrhyw un!

Dyna pam nad oes <u>NEB</u> mewn <u>BYWYD GO IAWN</u> yn gallu bod yn debyg i luniau â'r brychau wedi'u cuddio.

Bwyta cyfyngol

Mae'r cyfryngau cymdeithasol yn gallu creu **golwg wyrdroëdig** – *distorted* – **ar realiti**, un sy'n gallu effeithio ar dy farn amdanat ti dy hun (a barn unrhyw un arall amdanyn nhw eu hunain, gan gynnwys enwogion). Gall sylwadau gan droliau, ofni cael dy dagio mewn lluniau gwael, neu hyd yn oed ddiffyg pobl yn hoffi dy hunluniau, i gyd hybu unrhyw ansicrwydd sydd gennyt ti, yn enwedig pan fyddi di'n gweld cymaint o ddelweddau 'perffaith' ar-lein.

A finnau'n meddwl 'mod i'n hapus gyda 'nghorff i...

Drych y CYFRYNGAU CYMDEITHASOL

Beth bynnag sy'n gwneud i ti deimlo nad yw dy gorff di'n 'iawn', gallet ti gredu mai hysbysebion a chyfrifon colli pwysau ar y cyfryngau cymdeithasol yw'r lle i gael gafael ar gymorth. <u>Ond dydy hynny ddim yn wir.</u> Mae llawer o fforymau am ddeiet a bwyta cyfyngol yn arwain at ddrysfa o sgyrsiau a grwpiau sy'n annog neu'n mawrygu **anhwylderau bwyta**, fel **bwlimia** ac **anorecsia**, yn ogystal â **hunan-niweidio**. Cyn i ti sylweddoli, gallet ti fod mewn **lle tywyll iawn.**

Mae eisiau teimlo mwy o reolaeth, a datblygu ymddygiad obsesiynol dros agwedd ar dy fywyd, fel bwyta, yn arwydd o **STRAEN.**

Mae'n arwydd bod angen i ti **ofalu amdanat ti dy HUN,** yn hytrach na gadael i dy deimladau gosbi dy gorff. Mae hefyd yn arwydd bod angen i ti ofyn <u>am help.</u>

Darllena **Bennod 17** i ddysgu rhagor am hyn.

Ceisio perffeithrwydd

Mae diwydiant hysbysebu sy'n canolbwyntio ar fath penodol o gorff ac sy'n newid delweddau yn barhaus i gyd-fynd â hynny, yn gallu **EFFEITHIO'N SYLWEDDOL** ar sut rydyn ni'n gweld ein hunain ac eraill.

Mae'n gallu arwain at:

CORFFGYWILYDDIO unrhyw un sydd ddim yn edrych fel y lluniau, drwy drolio cyhoeddus neu fwlio drwy negeseuon uniongyrchol.

DYSMORFFIA'R CORFF, sef datblygu obsesiwn ynglŷn â diffyg mewn golwg — *appearance*, y mae'r meddwl wedi ei greu neu ei orbwysleisio.

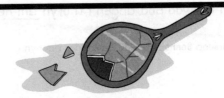

Ymarfer corff obsesiynol a bwyta anhrefnus o ganlyniad i **ORBRYDER YNGLŶN Â'R CORFF.**

Nifer cynyddol o **DRINIAETHAU COSMETIG** — camau eithafol a drud iawn er mwyn cael math penodol o wyneb neu gorff.

Paid â rhoi gormod o werth ar y niferoedd sy'n hoffi ac yn dilyn cyfrifon sy'n hyrwyddo 'delfrydau' corfforol. Denu llawer o bobl yw eu bwriad, a hynny er mwyn gwerthu mwy. Dydy ceisio adborth cadarnhaol i dy luniau a mesur dy hunan-werth yn erbyn faint o bobl sy'n hoffi dy negeseuon a dilyn dy gyfrif **byth yn mynd i wneud i ti deimlo cystal amdanat ti dy hun â DERBYN DY HUN fel rwyt ti.**

Dydy lluniau sy'n cael eu newid i guddio brychau **DDIM** yn debyg i'r rhan fwyaf o'r bobl rwyt ti'n eu gweld ar y stryd. Dwyt ti **DDIM** i fod i uniaethu â nhw, ond i fod yn **GENFIGENNUS** ohonyn nhw. <u>Felly, paid â chael dy dwyllo i feddwl mai'r delweddau hyn yw'r norm go iawn,</u> neu'r safon. Yn hytrach na chael ein siomi pan nad yw bywyd go iawn cystal â'n lluniau, dylen ni deimlo siom fod y lluniau ffug hyn yn gallu cael y fath bŵer dros ein hiechyd a'n hapusrwydd.

Hunan-werth a sut i'w hybu

Galli di wneud ambell beth i wella dy hunan-werth a dy ddelwedd corff, a hyd yn oed helpu eraill i deimlo'n well amdanyn nhw eu hunain...

☑ Gallet ti ddewis **PEIDIO Â DEFNYDDIO HIDLYDDION** ar dy luniau dy hun, a **CHOFLEIDIO DY HUNAN NATURIOL** — dangos bywyd fel y mae. Po fwyaf o bobl sy'n gwneud hyn, y mwyaf amrywiol fydd y gronfa o ddelweddau sydd ar y cyfryngau cymdeithasol.

☑ Yn dy luniau, **DATHLA** fod pawb yn **WAHANOL**, yn **UNIGOLYN** ac yn **UNIGRYW**.

☑ Os wyt ti'n ddewr, bydd eraill yn dy ddilyn. **DEFNYDDIA EIRIAU CADARNHAOL** wrth ddisgrifio dy hun, neu **PAID Â SIARAD YN NEGYDDOL**. Hyd yn oed os wyt ti'n teimlo'n ofnadwy, does dim angen i ti ymuno yn y sgwrs os yw pobl eraill yn cwyno amdanyn nhw'u hunain. Yn hytrach, os wyt ti'n dweud rhywbeth cadarnhaol am bobl eraill, mae'n debygol y byddan nhw'n dweud rhywbeth cadarnhaol amdanat ti, a bydd pawb yn teimlo'n hapusach.

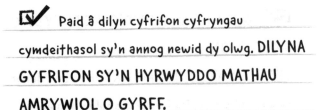 Paid â dilyn cyfrifon cyfryngau cymdeithasol sy'n annog newid dy olwg. DILYNA GYFRIFON SY'N HYRWYDDO MATHAU AMRYWIOL O GYRFF.

Yn y pen draw, **paid â beirniadu dy hun.** Paid â mynd i hel meddyliau am ddelweddau o gyrff 'delfrydol'... sgrolia heibio iddyn nhw. Gwerthfawroga dy gorff, dy synhwyrau, dy holl alluoedd – bydda'n ddiolchgar amdanyn nhw.

Os wyt ti'n fwy caredig wrthyt ti dy hun, byddi di'n gallu bod yn fwy caredig tuag at bobl eraill, ac yn **llai beirniadol** ohonyn nhw. Ac os wyt ti'n llai beirniadol o bobl eraill, bydd hynny yn dy helpu di i fod yn llai beirniadol ohonot ti dy hun.

Diolch, draed. 'Dach chi wedi gwneud gwaith da heddiw.

Dieithriaid a negeseuon uniongyrchol

Mae'r rhan fwyaf o apiau yn cynnwys ffordd o anfon (**neges uniongyrchol**) at rywun. Dim ond yr un sy'n cael y neges sy'n gallu ei gweld, ac mae hynny'n ddefnyddiol i gael sgwrs breifat gyda rhywun yn yr ap.

MediMaliSaliAnn

Hei, 'sgen rhywun nodiadau am y sgwrs ar brofiad gwaith heddiw? Mae 'nghyfrifiadur i wedi torri.

Jamal_ar_dost

@MediMaliSaliAnn
Oes, fi. Anfona i neges atat ti.

...ond BYDDA'N OFALUS!

Hyd yn oed os nad yw dy negeseuon yn gyhoeddus, dydy hynny **DDIM** yn golygu dy fod ti'n cael ysgrifennu pethau cas nac amhriodol am rywun arall — mae hi'n dal yn bosib riportio aflonyddu neu fwlio drwy negeseuon uniongyrchol ar yr ap.

Dydy hi ddim yn syniad da anfon negeseuon uniongyrchol at bobl rwyt ti newydd siarad â nhw am y tro cyntaf ar y cyfryngau cymdeithasol. Mae'n well **cadw rhywfaint o bellter a sgwrsio'n gyhoeddus** nes y byddi di wedi dysgu mwy amdanyn nhw a'r hyn maen nhw ei ddisgwyl gan ffrind ar-lein newydd.

Creu cyfeillgarwch newydd

Mae'r cyfryngau cymdeithasol yn lle gwych i ddod o hyd i bobl debyg i ti, drwy fforwm am dy hoff sioe deledu efallai, neu grŵp chwaraeon. Efallai y byddi di'n cyfarfod â ffrindiau newydd ar blatfform gemau neu safle ffans.

Os wyt ti'n dod i adnabod rhywun wrth sgwrsio ar y prif ap CYN i ti anfon neges uniongyrchol ato, bydd gennyt ti syniad a wyt ti am gael sgwrs breifat gydag o ai peidio. Dwyt ti ddim o reidrwydd eisiau cael dy beledu gan negeseuon oddi wrth ddieithryn hynod siaradus.

Helô

Haia

Wyt ti'n effro?

Helô

Haia

43 NEGES YN AROS

Helô

Hei

Hei   Haia

197

Oni bai bod dy <u>osodiadau preifatrwydd yn rhai LLYM</u>, mae'n hawdd iawn i rywun sydd ddim yn ffrind anfon neges uniongyrchol atat ar y cyfryngau cymdeithasol. Mae ailedrych ar dy osodiadau preifatrwydd bob yn hyn a hyn yn syniad da, fel nad wyt ti'n cael negeseuon digroeso gan ddieithriaid.

Dr.Gelwch

/ Helô, ga i yrru neges atat ti? /

Mae rhai apiau'n rhoi'r dewis i ti

ANALLUOGI NEGESEUON UNIONGYRCHOL

gan rywun sydd ddim yn un o dy enwau cyswllt, felly mae'n werth edrych ar yr opsiynau sydd ar gael yng ngosodiadau'r ap.

Yn y cysgodion

Mae'n well gan rai grwpiau guddio y tu ôl i'r holl sgwrsio a gweithgarwch ar y cyfryngau cymdeithasol i wneud eu clwb yn fwy cyfyngedig – dim ond caniatáu i bobl ymuno os oes rhywun yn eu hargymell, efallai, neu ar ôl cyfweliad. Mae hyn yn gallu swnio'n atyniadol, **OND mae'r grwpiau hyn yn aros o dan y radar am reswm.** Mae rhai sefydliadau sydd wedi'u <u>gwahardd</u> mewn gwahanol wledydd yn ceisio defnyddio'r cyfryngau cymdeithasol fel lle i gymell dilynwyr ac aelodau newydd a'u denu.

Pan fydd sefydliad, clwb neu grŵp wedi'i 'wahardd', mae'n <u>ANGHYFREITHLON</u> bod yn <u>aelod o'r sefydliad hwnnw</u>. Mae hyn fel arfer oherwydd bod y sefydliad yn seiliedig ar GRED EITHAFOL — mae'r aelodau'n credu'n gryf na ddylai rhai pobl allu cael eu hawliau, eu ffydd na'u credoau eu hunain. Maen nhw'n cael eu hadnabod fel 'grwpiau casineb' hefyd, oherwydd eu bod nhw'n hybu gelyniaeth a hyd yn oed trais tuag at rai pobl, ar sail rhyw, hil, crefydd, rhywioldeb, anabledd ac yn y blaen. Mae grwpiau sydd wedi eu gwahardd fel arfer yn cael eu hamau o drefnu gweithredoedd TERFYSGOL.

Radicaleiddio

Mae aelodau o grwpiau eithafol yn defnyddio'r cyfryngau cymdeithasol, yn cynnwys safleoedd gemau, i recriwtio pobl i'w grŵp. Maen nhw'n gwneud hyn drwy fideos, delweddau a negeseuon sy'n annog casineb neu'n canmol trais. Mae'r erthyglau a'r delweddau maen nhw'n eu hyrwyddo yn **rhagfarnllyd**, sy'n golygu eu bod nhw'n unochrog, ac yn aml wedi eu creu'n fwriadol ganddyn nhw i gamarwain ac i gefnogi eu safbwyntiau. **Propaganda** yw'r enw ar hyn.

Mae eithafwyr yn defnyddio iaith bwerus ac yn angerddol iawn dros eu hachos – maen nhw'n awyddus i gysylltu â phobl ifanc sy'n amau rhyw agwedd ar eu bywydau, fel eu perthynas â'u ffrindiau neu rieni, eu statws yn yr ysgol, eu ffydd neu eu hunaniaeth. Pan mae eithafwyr yn llwyddo i argyhoeddi rhywun i fod o'r un farn â nhw, mae hwnnw wedi cael ei **radicaleiddio**.

Sut mae hyn yn digwydd?

Mae'n haws radicaleiddio rhywun **allan o olwg y cyhoedd,** felly mae eithafwyr yn ceisio dechrau sgwrs drwy neges uniongyrchol. Mae sgyrsiau'n dechrau'n gyffredinol a chyfeillgar, ond yn dod yn fwy dwys dros amser ac yn bygwth, efallai.

Gawn ni sgwrs breifat...

Os wyt ti yn dechrau sgwrs gyda dieithryn drwy negeseuon uniongyrchol, <u>chwilia am yr arwyddion</u> hyn i sylwi ar unrhyw **ymdrechion i radicaleiddio...**

GWYLIA
rhag rhywun sydd yn...

⚠️ dy seboni neu'n neis–neis gyda ti.

⚠️ trio gwneud i ti deimlo'n arbennig er

mwyn i ti ymddiried ynddo.

⚠️ gofyn i ti beidio â sôn am y sgwrs wrth neb,

neu i gadw cyfrinachau.

⚠️ dweud dy fod ti'n methu ymddiried yn dy

ffrindiau a dy berthnasau.

⚠️ awgrymu ei fod yma i ti, ond bod pobl benodol

yn y gymdeithas yn dy erbyn di.

⚠️ hoffi siarad yn ddwys am y 'da' a'r 'drwg',

ac â barn gref am hynny.

⚠️ awgrymu ei fod yn gallu helpu i roi ystyr i dy

fywyd.

Dywed wrth oedolyn rwyt ti'n ymddiried ynddo os yw <u>UNRHYW UN</u> rwyt ti'n siarad ag o ar-lein yn gwneud <u>UNRHYW UN</u> o'r rhain.

Os nad oes gennyt ti oedolyn rwyt ti'n gyfforddus yn siarad ag o, mae dolenni i linellau cymorth a gwefannau ar gael drwy **Usborne Quicklinks** (tudalen 4).

Mae'n hawdd derbyn cais cyswllt neu neges uniongyrchol heb feddwl – rwyt ti'n defnyddio ap sydd i fod i annog pobl i fod yn gymdeithasol. Ond os oes rhywun dieithr yn gofyn am gael anfon neges uniongyrchol atat ti, gofynna i ti dy hun:

"Pam dydy o ddim eisiau sgwrsio yn gyhoeddus?"

Efallai fod ganddo **agenda gudd**, rhyw fwriad fyddi di ddim yn ymwybodol ohono nes y byddi di ar ganol sgwrs ddwys, pan mae'n anoddach troi dy gefn arno.

Bywyd Go Iawn – *IRL*

Pan fyddi di'n cyfarfod â phobl drwy'r cyfryngau cymdeithasol yn unig, fyddi di ddim bob amser yn gallu dweud ai nhw ydyn nhw mewn gwirionedd.

Cofia:

mae **UNRHYW UN** dwyt ti ddim yn ei adnabod yn dda neu heb ei gyfarfod yn **DDIEITHRYN.**

Dwi wastad yn onest.

Cacen_Gri_9

Fe ddyweda i mai Ben yw fy enw. (Celwydd.)

Ben_G_121

Dilys_Dilys

Nid fi sydd yn y llun proffil.

Iwan_Iawn05

Dwyt ti ddim yn gwybod fy enw llawn i.

Gallai fod yn demtasiwn awgrymu neu gytuno i gyfarfod wyneb yn wyneb i ddod i adnabod eich gilydd yn well. Ond dydy cyfarfod â <u>dieithryn</u> ddim yn beth doeth, hyd yn oed mewn lle cyhoeddus, hyd yn oed gyda ffrind, a hyd yn oed os oes rhywun yn gwybod ble rwyt ti. Gallai'r dieithryn fod yn oedolyn niweidiol yn hytrach na'r **un roeddet ti'n ei ddisgwyl**, a does gennyt ti ddim sicrwydd ei fod ar ei ben ei hun, hyd yn oed.

#dim_pwysau

Os dwyt ti ddim am wneud hynny, does dim rhaid cyfarfod â ffrindiau ar-lein wyneb yn wyneb. Parcha'u penderfyniadau nhw hefyd, os dydyn nhw ddim am gyfarfod â ti.

GALLAI FOD YN BERYGLUS IAWN.

Meithrin perthynas amhriodol ar-lein

Yn anffodus, mae gan rai oedolion fwriadau drwg wrth ddefnyddio'r cyfryngau cymdeithasol. Mae rhai yn chwilio am bobl ifanc i siarad â nhw mewn ffordd rywiol, sef magu perthynas amhriodol ar-lein – *grooming*.

'Ysglyfaethwyr rhywiol' – *sexual predators* – yw'r enw ar y bobl hyn ac yn aml maen nhw'n **creu persona ffug gyda lluniau ffug** i esgus bod yn berson ifanc. Eu nod yw cysylltu â pherson ifanc, ei gael i ymddiried ynddyn nhw a chlosio ato, yn y gobaith o ddatblygu perthynas rywiol.

'PRIYA', '15'

OND, GO IAWN, ALEX, 47

// PRIYA YDW I.
DWI'N 15. //

GWYLIA
am rywun sydd...

⚠️ yn dy seboni di, yn canmol dy hunluniau a dy olwg — efallai ei fod yn ceisio gwneud i ti ymddiried ynddo.

⚠️ yn dweud wrthyt ti am beidio â sôn am y sgwrs wrth neb arall, neu'n gofyn i ti gadw cyfrinachau.

⚠️ yn dweud jôcs budr, neu'n newid y pwnc i sôn am rywbeth rhywiol.

⚠️ yn gofyn cwestiynau personol i ti, yn enwedig am dy gorff.

> Fydd neb arall yn deall.

⚠️ yn rhannu'r un farn a diddordebau â ti — mae ysglyfaethwyr yn aml yn esgus hoffi'r un pethau â ti.

> **IeHwre_Jose_T**
>
> Dwi'n caru cŵn bach a dwi'n casglu hetiau.

> **Di.Laru.xo**
>
> @IeHwre_Jose_T OMB! Fi hefyd. Efeilliaid!

⚠️ Yn dweud ei fod eisiau bod yn gariad i ti, er dy fod ti heb ei gyfarfod.

Dywed wrth oedolyn rwyt ti'n ymddiried ynddo os yw <u>UNRHYW UN</u> rwyt ti'n siarad ag o ar-lein yn gwneud <u>UNRHYW UN</u> o'r rhain.

MAE MEITHRIN PERTHYNAS AMHRIODOL AR-LEIN YN DROSEDD. Os wyt ti'n meddwl bod rhywun yn gwneud hyn i ti, <u>riportia'r peth drwy'r ap</u>. Mae botwm arbennig o'r enw CEOP gan rai apiau a gwefannau – clicia ar hwn i riportio magu perthynas amhriodol ar-lein i Asiantaeth Troseddau Cenedlaethol y Deyrnas Unedig.

⚠️

Negeseuon amhriodol

Os wyt ti'n sgwrsio drwy negeseuon uniongyrchol â rhywun dwyt ti ddim ond yn ei adnabod drwy'r cyfryngau cymdeithasol, neu hyd yn oed ag oedolyn rwyt ti yn ei adnabod, **mae angen i ti fod yn arbennig o <u>ofalus</u>.** Drwy'r cyfryngau cymdeithasol, mae oedolyn yn gallu sgwrsio â ti pan wyt ti ar dy ben dy hun, heb i neb arall wybod.

Wyt ti yn dy stafell?

Gawn ni sgwrs, dim ond ni'n dau?

Hyd yn oed os oes golwg ddiniwed ar negeseuon gan oedolyn rwyt ti'n ei adnabod, **dangosa nhw i riant neu ofalwr.** Mae'n well eu bod nhw'n gwybod os yw oedolion yn trio siarad â ti ar-lein, er mwyn dy **GADW DI'N <u>DDIOGEL</u>.**

Os wyt ti ar fin anfon neges neu ddelwedd rywiol, **ARHOSA I FEDDWL** os wyt ti wir yn gallu ymddiried dy breifatrwydd a dy enw da ar-lein gyda'r unigolyn dan sylw.

Darllena **Bennod 14** i ddysgu rhagor am hyn.

// WNEI DI ANFON LLUN NEIS OHONOT TI ATA I? //

PAID BYTH â rhoi dy gyfeiriad, dy leoliad na dy fanylion cyswllt i ddieithriaid, a **PHAID Â DWEUD GORMOD WRTHYN NHW** amdanat ti a dy fywyd pob dydd. Os yw oedolyn niweidiol yn gallu creu darlun ohonot ti, gan gynnwys ble rwyt ti'n byw a llefydd rwyt ti'n ymweld â nhw yn aml, gallai ddod i chwilio amdanat ti.

BarcudBiBi

Hei, wyt ti'n iawn? Dwi heb glywed gennyt ti ers oes.

Miss.Medi

Sori, wedi cwrdd â bachan ar-lein...! Wedi bod yn fishi iawn yn hala negeseuon.

BarcudBiBi

Aaa, reit. Sut un ydy o? Deuda bopeth wrtha i!

Miss.Medi

Mae e'n byw yn Ffrainc, mae 'dag e feic modur(!!) Mae e MOR ddoniol.

BarcudBiBi

Cenfigennus! Wyt ti'n siŵr ei fod o'n deud y gwir?! Well i ti fod yn ofalus...

Miss.Medi

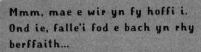
Mmm, mae e wir yn fy hoffi i. Ond ie, falle'i fod e bach yn rhy berffaith...

Cynnwys rhywiol

Os wyt ti'n treulio digon o amser ar y cyfryngau cymdeithasol, rwyt ti'n debygol o weld rhywbeth rhywiol – llun neu fideo efallai, neu rywun yn trafod

RHYW.

Os wyt ti'n teimlo'n barod am hynny ai peidio, mae angen i ti wybod sut i ddefnyddio'r cyfryngau cymdeithasol yn <u>DDIOGEL</u> o ran delweddau rhywiol, er mwyn **dy amddiffyn dy hun** yn emosiynol ac yn gyfreithiol.

Pornograffi

Mae delweddau a fideos ar gael o bobl yn cael rhyw - **pornograffi**, neu porn yw hyn. Os wyt ti'n chwilio amdano'n fwriadol, neu'n digwydd dod ar ei draws ar-lein, yn y rhan fwyaf o wledydd rhaid i ti fod o oed arbennig i wylio porn yn gyfreithiol (er enghraifft, 18 yn y Deyrnas Unedig).

Er nad wyt ti'n debygol o gael dy arestio am wylio porn, mae'r terfynau oedran hyn yno am reswm. Mae porn yn cael ei greu fel **adloniant** <u>ac fel mewn unrhyw ffilm neu hysbyseb, actio yw'r cyfan.</u> Mae gwylio porn yn gallu rhoi syniadau niweidiol i ti am ryw a chyrff yn y byd go iawn, a rhoi'r argraff fod rhyw yn golygu gwneud pob math o bethau na fyddet ti efallai yn gyfforddus yn eu gwneud.

> Dwi ddim yn siŵr 'mod i'n hoffi hynny.

Mae pob corff yn wahanol

Mae'n bosib bod bronnau ffug gan sêr pornograffi neu eu bod yn eillio eu blew piwbig. Mae gweld cyrff o'r fath yn gallu rhoi disgwyliadau afrealistig i bobl o sut olwg dylai fod ar eu corff nhw, neu ar gorff rhywun arall. Does dim rhaid i bob corff fod yn debyg. **Mae pawb yn wahanol mewn bywyd go iawn, ac mae hynny'n beth DA!**

Mae rhai pobl yn gallu dod yn afiach o gaeth i wylio porn a dechrau teimlo'r ANGEN i'w wylio bob dydd.

Os oes gennyt ti bryderon ynglŷn â phornograffi, mae help ar gael drwy **Usborne Quicklinks** (tudalen 4).

→ **DOES DIM RHAID I TI HOFFI** na gwylio porn, na dim byd arall, yn enwedig os yw'n gwneud i ti deimlo'n anghyfforddus.

→ **DOES DIM RHAID I TI EDRYCH** ar ddim byd rhywiol sy'n cael ei rannu gan dy enwau cyswllt ar y cyfryngau cymdeithasol.

→ **MAE DY DEIMLADAU DI O BWYS,** ac os nad wyt ti am edrych ar lun neu fideo, dy ddewis di a neb arall yw hynny.

Dwi eisiau rheoli.

Paid â mynnu

Os wyt ti mewn perthynas, mae'n bosib y byddi di'n teimlo awydd i rannu delweddau a fideos pornograffig â dy gariad, OND **paid â chymryd yn ganiataol y bydd o neu hi am eu gweld nhw.**

Mae'n bosib na fydd am dderbyn sylwadau rhywiol gennyt ti ar ei gyfryngau cymdeithasol chwaith, er dy fod ti'n gwneud hynny mewn ffordd ganmoliaethus. Ac mae dieithryn yn annhebygol o werthfawrogi'r math yna o sylw cyhoeddus gan rywun nad ydyn nhw'n ei adnabod.

NA! DILEU! Mae Mam ar fy nghyfryngau cymdeithasol.

Tym-ti-tym

#seiberfflachio

Paid â chael dy demtio i anfon neges uniongyrchol o natur rywiol at neb er mwyn fflyrtio â nhw'n fwy preifat. <u>Mae'n bosib y bydd yn cael argraff wahanol o'r neges</u> ac fe allet ti gael dy riportio drwy'r ap am aflonyddu. Os oes unrhyw amheuaeth felly, **PAID Â'I HANFON!**

Secstio

Mae anfon lluniau o rywun noeth neu hanner noeth, yn cael ei alw'n **secstio**. Mae pobl sy'n 'secstio' fel arfer yn anfon lluniau ohonyn nhw'n noeth at rywun maen nhw'n ei adnabod neu mewn perthynas ag o neu hi.

Helô 'na...

!!WEDI'I!!

!!SENSRO!!

Os yw dy gariad yn gofyn i ti anfon lluniau personol ohonot ti dy hun, neu dy fod ti'n cael lluniau fel hyn, efallai y bydd ofn gwrthod arnat ti. OND mae anfon lluniau noethlymun at bobl os ydyn nhw, neu ti, o dan 18 oed yn ANGHYFREITHLON yn sawl gwlad, gan gynnwys y Deyrnas Unedig.

Os wyt ti'n rhannu lluniau noethlymun â chariad, mae'n annhebygol y byddi di'n cael dy erlyn y tro cyntaf, er y gallai'r heddlu fod eisiau ymchwilio a gwirio beth sy'n digwydd.

AROS! Cwestiynau i'w gofyn os wyt ti dan bwysau i anfon cynnwys rhywiol:

? Wyt ti'n ei anfon oherwydd bod pobl eraill yn gwneud?

? Sut byddet ti'n teimlo petai pawb yn yr ysgol yn gweld hyn, neu dy rieni, neu ddieithriaid?

? Beth os yw'r llun neu'r fideo yma'n aros ar-lein a bod cyflogwr yn ei weld yn y dyfodol?

? Beth fyddai'n digwydd petaet ti ddim yn ei anfon – wyt ti'n teimlo dan fygythiad, neu'n cael dy orfodi i wneud?

? Byddet ti'n fodlon gwneud hyn yn y byd go iawn? Efallai dwyt ti ddim yn teimlo'n barod, neu'n ddigon hen, i ddechrau cael rhyw, felly wyt ti wir yn barod i anfon lluniau rhywiol?

Pan mae wedi mynd, mae wedi mynd

Hyd yn oed os wyt ti'n ymddiried yn llwyr yn dy gariad, mae lluniau'n gallu <u>mynd yn bellach</u> na'r un sy'n eu cael. Dim ond ambell symudiad bawd sydd rhyngot ti a (mynd yn feiral) heb dy ddillad isaf.

Os wyt ti wedi anfon cynnwys rhywiol, dydy hynny ddim yn rhoi'r hawl i rywun ei anfon ymlaen na dangos dy negeseuon i bobl eraill. Ond <u>dwyt ti ddim yn gallu rheoli beth mae neb arall yn ei wneud gyda negeseuon a lluniau</u> ar ôl i ti eu hanfon, felly mae hi bob amser yn well **PEIDIO** ag anfon rhywbeth y byddi di efallai yn ei ddifaru yn ddiweddarach.

Naaa! Dwi wedi newid f meddwl!

Ga i ddweud na?

WRTH GWRS! **TI** piau dy gorff di, a **TI** a neb arall sy'n dewis beth i'w wneud ag o. Os yw dy gariad (neu unrhyw un arall) yn gofyn i ti anfon llun neu fideo rhywiol ohonot ti ato - **dywed NA**!

Cadw o fewn y gyfraith

Hyd yn oed os nad wyt ti'n anfon lluniau ohonot ti'n noeth at dy gariad, ddylai o neu hi ddim eu hanfon atat ti chwaith. Mae bod ym meddiant lluniau rhywiol o rywun dan 18 oed yn ANGHYFREITHLON (hyd yn oed os wyt ti hefyd o dan 18 oed), ac mae hynny'n cynnwys bod â'r delweddau neu'r fideos hynny ar dy ffôn, ar dy liniadur neu yn y cwmwl. Mae'r un peth yn wir am ddosbarthu (rhannu) lluniau o unrhyw un dan 18 oed yn noeth (mae'r delweddau hyn yn cael eu hystyried yn gam-drin plant). Felly os wyt ti'n cael lluniau o rywun yn noeth, PAID â'u hanfon nhw at neb arall. **Mae'n fwy na chreulon; mae'n torri'r gyfraith.**

18

Os oes rhywun yn anfon lluniau ohono fo neu o rywun arall yn noeth atat ti, neu'n anfon <u>unrhyw fath o gynnwys rhywiol digroeso ar y cyfryngau cymdeithasol</u>, galli di **RIPORTIO** hynny drwy'r ap. Gofala dy fod ti hefyd yn dweud wrth oedolyn rwyt ti'n ymddiried ynddo, a allai dy helpu i'w riportio i'r heddlu.

Dydw i ddim eisiau ei weld o ongl arall, diolch yn fawr.

NA.

Un o'r pethau pwysicaf i'w ddysgu am ryw yw bod **dweud 'na' wastad, wastad yn iawn.** Paid â gadael i neb arall ddweud y 'dylet ti' fod yn teimlo'n barod am rywbeth sy'n gwneud i ti deimlo'n <u>anghyfforddus</u>. TI SYDD I DDEWIS BOB TRO.

16

Cydsynio i weithgaredd rhywiol

Mae gan y rhan fwyaf o wledydd oedran cyfreithiol ar gyfer cydsynio (cytuno) i gyfathrach a chyffwrdd rhywiol – 16 yw'r oedran cydsynio yn y DU. Os wyt ti'n **IAU** na hyn a'r un rwyt ti'n ystyried cael perthynas rywiol ag o neu hi yn **HŶN**, yna **fe allen nhw gael <u>eu herlyn</u> <u>hyd yn oed os wyt ti'n cydsynio.</u>**

Ddylet ti **BYTH** deimlo o dan bwysau i wneud gweithredoedd rhywiol na chyfnewid cynnwys rhywiol â neb, p'un a wyt ti mewn perthynas ag o neu hi ai peidio. <u>Os oes rhywun yn plagio, yn bygwth neu'n pwyso arnat ti</u> i wneud rhywbeth dwyt ti ddim am ei wneud, dywed wrth oedolyn y galli di ymddiried ynddo neu ffonia linell gymorth.*

*Dysga sut i wneud hyn yn
Usborne Quicklinks, ar dudalen 4.

Pornograffi dial

Dydy lluniau a fideos ddim bob amser yn cael eu rhannu ar ddamwain, neu 'fel jôc' hyd yn oed. Pan mae rhywun yn rhannu lluniau o gyn-gariad yn noeth er mwyn codi cywilydd, pornograffi dial yw hyn.

Mae'r gyfraith ynghylch secstio yno i dy AMDDIFFYN di

– mae unrhyw un sy'n gofyn am ddelweddau rhywiol o blant (fel arfer unrhyw un o dan 18 oed), neu'n rhannu delweddau o'r fath, yn euog o fod â delweddau cam-drin plant yn ei feddiant neu eu dosbarthu.

Mae hynny'n golygu bod postio delweddau rhywiol o bobl dan 18 oed ar-lein yn ANGHYFREITHLON, felly os wyt ti wedi dioddef yn sgil pornograffi dial, galli di wneud hyn...

CYNLLUN GWEITHREDU
I SEFYLL
YN ERBYN
PORNOGRAFFI DIAL

- **RIPORTIA'R DELWEDDAU** drwy'r wefan neu'r ap perthnasol, a **DAD–DAGIA DY HUN** oddi arnyn nhw os wyt ti'n gallu. Dylai'r ap ddileu unrhyw luniau noethlymun.

- **SIARADA AG OEDOLYN RWYT TI'N YMDDIRIED YNDDO**, a fydd yn gallu cysylltu â'r person a bostiodd y delweddau a mynnu eu bod nhw'n cael eu dileu.

- Os nad yw'r delweddau yn cael eu dileu, **CYSYLLTA Â'R HEDDLU.**

Edrycha ar **Usborne Quicklinks** (tudalen 4)
i ddysgu rhagor am sut i gael help.

Dwyt ti DDIM yn ddi-rym

Gallai rhannu cynnwys rhywiol preifat yn ehangach achosi gofid mawr i ti a chael effaith go iawn ar dy hwyliau. Gallai deimlo fel sefyllfa anobeithiol ac efallai na fyddi di eisiau sôn gair wrth neb am y peth rhag ofn iddyn nhw weld y delweddau hefyd.

Be rŵan?
Dwi'n teimlo mor unig.

Gallai deimlo fel petai pethau wedi mynd yn draed moch, ond cofia mai dyna dy gorff di, dy luniau di, ac rwyt ti'n gallu ymdopi. **Yn ôl y gyfraith, mae'r rhai sy'n rhannu lluniau o rywun yn noeth heb ei ganiatâd yn euog o gam-drin**, ac arnyn NHW dylai'r sylw fod. Ddylet ti ddim gorfod teimlo cywilydd am y pethau mae rhywun arall yn eu gwneud.

Rydyn ni wastad yma i ti, beth bynnag ddaw.

Mae angen **cymorth** a **chefnogaeth** arnat ti gan rywun – oedolyn yn yr ysgol neu aelod o'r teulu, yn ddelfrydol. Efallai y bydd hi'n hunllef dweud wrth dy deulu dy fod ti wedi rhannu lluniau neu fideos o natur bersonol, ond mae bod yn **onest ac agored** yn mynd i dy helpu i gadw dy ben yn uchel a dod drwyddi. Nid ti fydd y cyntaf na'r olaf i ddioddef fel hyn – mae'n gallu digwydd i UNRHYW UN.

Bwlio

Os yw dy ddelweddau neu negeseuon rhywiol yn mynd yn gyhoeddus ar-lein, neu fod eraill yn eu gweld yn yr ysgol, dydy hi ddim yn anghyffredin i hyn achosi bwlio. Yn anffodus, hyd yn oed os nad wyt ti'n secstio, mae cynnwys rhywiol yn gallu cael ei rannu yn FALEISUS mewn ffyrdd eraill:

Rhoi **pen rhywun arall yn ddigidol** ar lun **noethlymun.**

Cynhyrchu delweddau o ap **'dadwisgo'.**

Tynnu lluniau **i fyny sgert** yn gyfrinachol.

Mae'r rhain I GYD yn fathau o **fwlio rhywiol.** (Yn y Deyrnas Unedig, mae tynnu lluniau i fyny sgert – *upskirting* – yn drosedd.)

Os yw troliau'n postio sylwadau digroeso neu rywiol am dy fideo neu dy lun, rhaid **BOB TRO:**

- EU HANWYBYDDU
- EU BLOCIO
- a'u RIPORTIO DRWY'R AP.

Os oes rhywun yn creu delweddau rhywiol ohonot ti neu ffrind, gofala dy fod ti'n **codi dy lais** ac yn ei **RIPORTIO**, naill ai drwy'r ap neu i oedolyn yn yr ysgol. Efallai fod yr hyn mae'n ei wneud yn **ANGHYFREITHLON**, ac fe all oedolyn y galli di ymddiried ynddo dy helpu i gael gwared ar y delweddau a'u dileu.

Doedd gorffen efo fi ddim yn syniad da...

Blacmel

Mae'n bosib y bydd rhai bwlis yn dy annog i greu lluniau neu fideos rhywiol ohonot ti dy hun a'u hanfon atyn nhw, gyda'r nod o dy **flacmelio**. Weithiau, mae'n gallu bod yn anodd iawn adnabod bwli – gallai ffrind, cariad, aelod o'r teulu neu oedolyn rwyt ti'n ei adnabod, neu rywun rwyt ti wedi ei gyfarfod ar-lein, fod yn fwli.

Llwgrwobrwyo yw ceisio dy berswadio i anfon lluniau o natur rywiol drwy gynnig rhywbeth y byddet ti wir yn ei hoffi, fel tocynnau i gyngerdd penodol. Mae hyn a blacmel yn arwyddion sicr o fwlio.

Ond ar ôl iddyn nhw gael dy luniau, maen nhw'n gallu dy flacmelio di wedyn – bygwth eu dangos i dy teulu neu dy ffrindiau, neu eu postio'n gyhoeddus ar-lein, os dwyt ti ddim yn gwneud rhywbeth o natur rywiol iddyn nhw.

CADWA DRAW O'R CAMERA!

Os oes rhywun yn gofyn i ti sgwrsio â nhw ar we-gamera, neu gael sgwrs fideo breifat, dywed "NA". Mae'n bosib y bydd bwli yn ceisio dy dwyllo di i wneud rhywbeth dadlennol neu rywiol ar gamera. Os wyt ti'n ffrydio'n fyw, **DWYT TI DDIM YN GWYBOD PWY SY'N EI RECORDIO** — efallai rhywun â'i fryd ar flacmel. **MAE MODD HACIO GWE-GAMERÂU**, felly caea dy liniadur pan dwyt ti ddim yn ei ddefnyddio, neu rho sticer dros y gwe-gamera.

Gwna hyn gyda dy ffôn hefyd.

Triciau eraill

Gallai rhai bwlis weld lluniau diniwed ohonot ti ar-lein a cheisio dy argyhoeddi eu bod nhw o natur rywiol – gan ddweud y dylet ti fod â chywilydd am bostio rhywbeth o'r fath, a dy fod ti felly yn haeddu cael dy drin yn wael. Gallai bwlis hefyd esgus bod delweddau rhywiol ohonot ti ar-lein eisoes, neu fanteisio ar natur gystadleuol pobl ifanc sy'n postio hunluniau drwy ofyn i ti anfon lluniau er mwyn bod yn rhan o restr 'pwy sydd orau'.

Beth i'w wneud yn ei gylch

Mae bwlis yn bobl ofnadwy ac oedolion fel arfer yw'r math yma o fwli slei sy'n chwarae gemau meddwl, yn llwgrwobrwyo ac yn defnyddio blacmel. Mae'n bosib eu bod nhw'n meddwl bod ganddyn nhw bŵer drosot ti oherwydd dy fod ti'n iau, ond mae'r hyn maen nhw'n ei wneud yn ANGHYFREITHLON (hyd yn oed os nad ydyn nhw'n cyffwrdd bys ynot ti) ac mae'r gyfraith o dy blaid di.

Mae bwlio rhywiol yn **GAM-DRIN***, ac os wyt ti'n ei ddioddef (ar-lein neu fel arall) mae'n bwysig:

DWEUD WRTH RYWUN

SÔN WRTH RYWUN AM DY DEIMLADAU

CAEL HELP

Hyd yn oed os wyt ti heb gael cysylltiad corfforol â'r bwli o gwbl, mae <u>unrhyw fath o gam-drin yn gallu cael effaith</u> **bwerus a gofidus** iawn arnat ti.

Cofia...

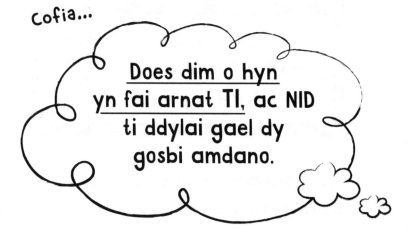

Does dim o hyn <u>yn fai arnat TI</u>, ac NID ti ddylai gael dy gosbi amdano.

* Mae rhagor o wybodaeth am gam-drin rhywiol a ble i fynd am help ar **Usborne Quicklinks** (tudalen 4).

Cofia:

✗ PAID AG ATEB neb sy'n dy fygwth neu sy'n ceisio dy lwgrwobrwyo neu dy flacmelio di.

✗ PAID AG ANFON RHAGOR O LUNIAU.

✓ DYWED WRTH RYWUN fod hyn yn digwydd.

Gallai anwybyddu rhywun sy'n ceisio cysylltu â ti deimlo'n groes i'r graen, ond bydd hynny'n **cadw'r rheolaeth yn dy ddwylo DI.**

Er na fydd hynny'n hawdd, **CADWA GOFNOD** o unrhyw negeseuon neu ddelweddau sarhaus neu amhriodol.

Bydd **tystiolaeth** fel hyn yn helpu'r heddlu i brofi bod y bwli wedi troseddu a'i gosbi.

Mynd yn feiral

Pan fydd cynnwys sydd wedi ei
bostio ar-lein yn cael ei rannu
ymhell ac agos ar draws y
cyfryngau cymdeithasol, rydyn
ni'n dweud ei fod wedi 'mynd yn
feiral'. Mae pobl weithiau'n postio
cynnwys gyda'r bwriad neu'r
gobaith y bydd yn mynd yn
feiral, ac mae cynnwys weithiau'n
mynd yn feiral yn anfwriadol neu drwy falais.

Dwi'n meddwl
mod i 'di mynd
yn feiral.

Lledaenu'r gair

Mae cynnwys yn gallu lledaenu'n gyflym wrth i
lawer o bobl ei rannu â'u henwau cyswllt, a'r rheini
yn ei rannu â'u henwau cyswllt NHW, ac yn y blaen.
Gallai cynnwys gael ei rannu sawl gwaith oherwydd
ei fod yn **amserol**, yn gysylltiedig â **rhywbeth
yn y newyddion**, neu oherwydd ei fod yn
ddoniol neu'n **taro tant** â llawer o bobl.

Weithiau byddi di'n postio rhywbeth ar y cyfryngau cymdeithasol yn fwriadol, gan obeithio y bydd yn mynd yn feiral er mwyn **hyrwyddo** neu **ddod o hyd** i rywbeth, neu i **hybu ymwybyddiaeth** o rywbeth.

Dyma rai enghreifftiau:

- Hyrwyddo DIGWYDDIAD rwyt ti'n rhan ohono.
- Rhybuddio — TYNNU SYLW AT SGAM sydd ar led.
- Tynnu sylw at ELUSEN neu ymgyrch benodol.
- Hyrwyddo CYSYLLTIAD CYMDEITHASOL — annog llawer o bobl i anfon neges pen-blwydd at berson unig.
- Chwilio am NAWDD i her elusennol.

💬 1,397

LLONGYFARCHIADAU AHMET

Ahmed, mwynha dy ddiwrnod

Hei Ahmed! Pen-blwydd Hapus :)

- CHWILIO am rywun, gwrthrych neu anifail anwes sydd ar goll.

- Ceisio DYCHWELYD rhywbeth coll i'w berchennog, neu ddiolch i rywun am rywbeth.

Sut dwi'n mynd adref?

40 mun. yn ôl LO_AnnHygoel

❝ Wedi dod o hyd i lyfr 'I HUWCYN'. Helpwch fi i ddod o hyd i Huwcyn! ❞

#hashnodau

Yn ogystal â chael ei rannu'n aml, mae modd lledaenu cynnwys drwy ddefnyddio hashnodau. Mae'r symbol **#** 'hash' yn cael ei adnabod fel hashnod ar y cyfryngau cymdeithasol. Yn y rhan fwyaf o apiau cyfryngau cymdeithasol, pan mae'r symbol hash yn cael ei roi ar ddechrau gair, mae'r gair wedyn yn cael ei dagio neu ei nodi, sef tarddiad y term 'hashnod'.

#pobdiwrnodynddiwrnodysgol

Mae hashnodau yn ffordd o **drefnu a grwpio pethau** ar y cyfryngau cymdeithasol i <u>chwilio'n rhwydd</u> am bethau sy'n dy ddiddori di. Wrth glicio ar hashnod, rwyt ti'n gallu gweld pob peth sydd wedi'i dagio yn yr un ffordd. Mae hashnod hefyd yn gweithredu fel [**allweddair**] pan fyddi di'n chwilio am rywbeth ar-lein, gan ddangos llawer o ganlyniadau perthnasol er mwyn dy helpu i ddod o hyd i'r hyn rwyt ti'n chwilio amdano.

Mae hyn yn gwneud fy ngwaith ymchwil i gymaint haws!

#hetiauhanesyddol   2,879 canlyniad

HET SILC

HET GALED

CAP FFLAT 1570AU · HET SILC 1860AU · FFEDORA 1880AU · HET COWBOI 1880AU · HET PANAMA 1900AU · HET PORC PEI 1940AU

Sut i ddefnyddio hashnodau

Mae'n rhaid iddo fod yn un gair, felly os wyt ti eisiau gwneud ymadrodd yn hashnod, mae'n rhaid i ti gyfuno'r holl eiriau gyda'i gilydd:

`#RocGwychMacsHaul`

Paid â gwneud yr hashnod yn rhy hir neu fe fydd yn anodd ei ddarllen!

`#gwyliornewyddiongydadylanllwydagwennogwynarsianelpum`

Dylid defnyddio hashnodau i dynnu sylw at eiriau allweddol a phynciau; does dim pwynt creu hashnod o eiriau cyffredin fel `#anhygoel` `#teimladau`

Paid â chreu hashnod o eiriau cyffredin iawn neu bynciau hynod o eang, fel `#cariad` neu `#ceir` . Dylai hashnodau fod yn benodol, er mwyn dy helpu di ac eraill i hidlo cynnwys amherthnasol.

Paid â defnyddio nifer fawr o hashnodau yn dy neges, neu fe fydd yn mynd yn ddryslyd a phobl yn ei hanwybyddu.

Trendio

Mwya'n byd o bobl sy'n defnyddio ac yn rhannu hashnod penodol, mwya'n byd bydd proffil y cynnwys sydd wedi'i dagio. Wrth i gynnwys ar-lein yn dod yn boblogaidd iawn a'i drafod yn eang ar y cyfryngau cymdeithasol, mae'n bwnc sy'n (trendio).

Mae cwmnïau a brandiau yn hoffi cael 'presenoldeb' ar y cyfryngau cymdeithasol. Mae adrannau marchnata yn creu **sloganau** gyda hashnod o'u blaenau, yn y gobaith y bydd y slogan yn dechrau trendio ar y cyfryngau cymdeithasol.

"Bore da!"
gyda
CornCeiliog
#boreBYWIOG

PING! PING! PING!

Bore da. Wyt T yn cael #boreBYWIOG

DDIM yn cael #boreBYWIOG yma

YDW! Wedi bod allan yn rhedeg #boreBYWIOG

Mae'r haul wedi codi. #borebywiog

Mae unrhyw un yn gallu creu hashnod gyda gair neu ymadrodd, ond mae mwy o obaith i rai **penodol** a **chofiadwy** fynd yn feiral.

Yn ogystal â marchnata cynhyrchion a chwmnïau, mae **ymgyrchoedd iechyd cyhoeddus** a **mentrau'r llywodraeth** hefyd yn defnyddio hashnodau, i sicrhau bod neges yn cyrraedd <u>cymaint â phosib</u>.

#diwrnodyramgylcheddhapus

#unblaned

#ecogyfeillgar

#newidcymdeithasolibawb

#cydraddoldeb

#achubbywydgydagwregys

#amrywiaeth

241

Pŵer pobol

Trwy'r cyfryngau cymdeithasol mae'n bosib rhannu rhywbeth ledled y byd yn GYFLYM IAWN. Mae cynnwys sy'n trendio – gan unrhyw un – yn gallu dod i sylw arlywyddion, prif weinidogion, enwogion, teuluoedd brenhinol a phobl bwerus a dylanwadol eraill. Mae anfon hashnod yn feiral ar y cyfryngau cymdeithasol yn galluogi pobl sydd â barn debyg i **ymuno â'i gilydd, cael eu clywed a gwneud gwahaniaeth** drwy hybu ymwybyddiaeth o bwnc neu fater penodol.

Mae llawer o ymgyrchoedd a mudiadau proffil uchel yn dechrau ar y cyfryngau cymdeithasol. Maen nhw'n gallu tyfu o DDEISEB sy'n denu nifer enfawr o lofnodion, NEGES GAN RYWUN ENWOG sy'n denu ton o gefnogaeth, neu efallai STORI NEWYDDION FYD-EANG sy'n ysgogi ymateb unedig.

Nid cwynion torfol yn unig yw'r mudiadau a'r ymgyrchoedd hyn, maen nhw'n hyrwyddo YMGYRCHU, gan awgrymu gweithredoedd a nodau a fydd yn arwain at newid cadarnhaol mewn cymdeithas. Mae'n bosib ymgyrchu dros unrhyw beth sy'n taro tant gyda llawer o bobl, o ymgyrchoedd i roi diwedd ar dlodi neu hiliaeth, i fudiadau sy'n hyrwyddo cydraddoldeb rhywedd, a phrotestiadau yn erbyn polisïau gwleidyddol a newid hinsawdd. Dwyt ti byth yn rhy ifanc i fod yn ymgyrchydd.

#MRh Merched Rhyfeddol

Rydyn ni i gyd yn wych!

#MRh

#MRh

#MRh

Newyddion drwg

Does gan neb **reolaeth** dros sut mae cynnwys sy'n trendio yn lledaenu, felly mae'n anodd iawn ei reoli. Mae hynny'n gallu bod yn beth da i bobl sy'n teimlo'n ynysig ac eisiau i'w lleisiau gael eu clywed, ond mae hefyd yn golygu bod pethau cas yn gallu cyrraedd llawer o bobl. Mae **anfanteision mynd yn feiral** yn cynnwys:

👎 Rwyt ti'n postio llun diniwed ohonot ti dy hun ar-lein, mae rhywun yn ychwanegu sylwadau doniol ato, ac mae'n troi'n femyn feiral. Mae dy lun yn dod yn enwog ar y cyfryngau cymdeithasol heb i ti gydsynio.

👎 Mae cynnwys gwahaniaethol ac eithafol, hyd yn oed, yn cael cymaint o sylwadau, a'i hoffi a'i rannu i'r fath raddau, mae'n dechrau trendio ac yn ymddangos ymhob man ar y cyfryngau cymdeithasol. Mae hynny'n gallu achosi gofid mawr, yn enwedig os yw'n effeithio arnat ti'n bersonol.

👎 Straeon rhybudd o lwc ddrwg yw 'llythyrau cadwyn' feiral. Maen nhw'n addo gwobr, fel bendith, am eu rhannu, neu fygythiad os dwyt ti ddim yn eu rhannu. Eu bwriad yw chwarae ar dy emosiynau, gan wneud i ti deimlo'n bryderus, yn obeithiol neu'n euog er mwyn dy berswadio i anfon y neges ymlaen.

Mae **camwybodaeth** a **phropaganda** yn gallu lledaenu'n feiral ac mae'n anodd weithiau dod o hyd i'r ffeithiau na deall beth yw bwriad rhywun ar-lein. Darllena'r bennod nesaf i ddysgu sut i wahanu deunydd **FFEITHIOL** oddi wrth ddeunydd **FFUG** ar y cyfryngau cymdeithasol.

Ddylet ti ddim teimlo dan bwysau na chael dy dwyllo i rannu dim byd ar-lein. Rhanna rywbeth DIM OND oherwydd DYNA RWYT TI AM EI WNEUD.

G3r-y-GOr4u

Wnei di rannu'r llun yma o Caeo fy nghi i? Mae o ar goll :'(

Miss.Medi

O na! Dim problem. Ti 'di rhoi neges ar-lein?

G3r-y-GOr4u

Do, #CanfodCaeo, mae 'na fwy o luniau fan'na. Sdim sglodyn ganddo.

Miss.Medi

Aaa, reit. Wna i dagio'r fenyw drws nesa, mae hi'n filfeddyg. Gall hi gadw llygad amdano.

G3r-y-GOr4u

Diolch. Mae'r dyn sy'n gwarchod Caeo wedi anfon neges at ei enwau cyswllt o. Croesi bysedd.

Miss.Medi

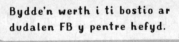

Bydde'n werth i ti bostio ar dudalen FB y pentre hefyd.

246

Newyddion ffug

Wrth i bobl dreulio mwy a mwy o'u hamser ar y cyfryngau cymdeithasol, mae'n naturiol yn dod yn fan i rannu erthyglau, adolygiadau a digwyddiadau, ac mae newyddion yn lledaenu'n GYFLYM.

Rwyt ti'n wych, Macsimws!

Gyfeillion, enwau cyswllt, ddilynwyr, gwrandewch.

Weithiau, mae gwybodaeth am ddigwyddiadau **yn cael ei chynhyrchu'n benodol i'w dosbarthu ar y cyfryngau cymdeithasol**. Mae sawl rheswm gwahanol am greu eitemau fel hyn, ond os nad yw newyddion wedi cael sylw na'i ddilysu gan sianeli newyddion prif ffrwd, mae'n debygol o fod yn stori wneud – mae'n newyddion ffug.

Felly, mae'n bwysig gallu **archwilio gwybodaeth sy'n tarddu o'r cyfryngau cymdeithasol yn ofalus**, i ofalu ei fod yn <u>DDIBYNADWY</u>.

Y meddwl cwch gwenyn

Mae'r cyfryngau cymdeithasol weithiau yn cael eu disgrifio fel **meddwl cwch gwenyn**, neu 'gyd-ddeallusrwydd'. Bob eiliad, mae'n cael miloedd o gyfraniadau – safbwyntiau, barn, ffeithiau, celwyddau, cynnwys creadigol – ac yn rhannu'r cyfan **fel un ymennydd byd-eang enfawr.** Pan fydd cynnwys yn dechrau trendio, mae fel petai'r rhwydwaith cyfan o gyfryngau cymdeithasol yn uno i ganolbwyntio ar y cynnwys hwnnw a'i hyrwyddo.

Mae hynny'n gallu bod yn <u>beth da</u> NEU yn beth <u>drwg</u>, yn dibynnu ar beth mae'r cyfryngau

248

cymdeithasol yn ei hyrwyddo ar unrhyw adeg benodol. Efallai dy fod ti'n meddwl bod miloedd o ymenyddiau yn well nag un, ac os ydyn nhw'n cytuno ar rywbeth, ei bod yn deg meddwl bod hynny'n wybodaeth gyffredinol. Ond dydy hynny ddim yn wir os yw defnyddwyr y cyfryngau cymdeithasol yn cael eu twyllo i dderbyn fod rhywbeth yn wir **pan nad yw'n ffaith go iawn.**

Gwyddoniaeth wallus

Oherwydd gallu'r cyfryngau cymdeithasol i hyrwyddo cynnwys penodol, mae **camwybodaeth** (gwybodaeth sy'n dy gamarwain yn anfwriadol) sy'n cael ei phostio gyda bwriadau da yn gallu achosi **dryswch, a pheryglu** llawer o bobl. Yn enwedig wrth rannu erthyglau gwyddonol sydd wedi dyddio neu'n ddadleuol heb wirio'r ffeithiau sydd ynddyn nhw.

WAA! Maen nhw'n dod!

PING!

Mae camwybodaeth ynglŷn ag iechyd yn codi'n aml – am ddeiet, brechlynnau a thriniaethau ar gyfer clefydau fel canser, ond **mae camwybodaeth yn gallu lledaenu am UNRHYW BETH.** Dim ond neges gan rywun sy'n camddehongli rhywbeth, a rhywun yn gweld honno ac yn teimlo ei bod yn destun pryder neu'n ddigon pwysig i'w rhannu... a chyn i ti droi, <u>mae rhywbeth sy'n gwbl anghywir ar fin cael ei dderbyn yn FFAITH</u> ar y cyfryngau cymdeithasol, yn enwedig os yw rhywun â phroffil uchel a llawer o ddilynwyr yn dod yn rhan o'r gadwyn.

250

Twyllwybodaeth

Mae rhai unigolion a sefydliadau yn defnyddio'r cyfryngau cymdeithasol i ledaenu **twyllwybodaeth**, sef **cynnwys rhagfarnllyd neu wallus**. Fel arfer, eu bwriad yw **perswadio pobl eraill i rannu'r hyn maen nhw yn ei gredu**. Ond, yn fwriadol neu'n anfwriadol, maen nhw'n postio gwybodaeth sydd fel petai yn cefnogi eu dadl, ac <u>YN ANWYBYDDU</u> gwybodaeth <u>wyddonol ddilys</u> sy'n amau eu honiadau.

O ganlyniad, mae'r cynnwys maen nhw'n ei bostio yn **unochrog**, yn **gamarweiniol** ac, ar ei waethaf, yn **anonest**. Mae rhai sy'n lledaenu twyllwybodaeth yn mynd ati'n fwriadol i geisio claddu ffeithiau, gan ddefnyddio cynnwys creadigol ac iaith sy'n perswadio neu'n codi ofn i hybu eu proffil. Efallai y byddan nhw hefyd yn ceisio tanseilio arbenigwyr i gael rhagor o sylw ac ymddangos yn fwy awdurdodol.

251

GRYM propaganda

Byddai llawer o bobl yn hoffi gallu defnyddio grym meddwl cwch gwenyn y cyfryngau cymdeithasol. Mae bwriadau rhai yn ddigon didwyll – **codi ymwybyddiaeth** o elusen ddi-nod, **sbarduno gwerthiant** cynnyrch, neu **ennyn diddordeb mewn achos**. Yn anffodus, mae digon o bobl a fyddai'n hoffi defnyddio'r grym hwn i hybu propaganda, sef twyllwybodaeth wedi'i thargedu, i ddylanwadu ar rannau penodol o gymdeithas.

Mae propaganda yn gallu bod yn gynnil. Mae'n cael ei ddefnyddio i borthi drwgdybiaeth a checru, yn aml at ddibenion gwleidyddol, sy'n gallu achosi ansefydlogrwydd difrifol. Mae cymdeithas ansefydlog a rhanedig yn fwy agored i ymdrechion gan unigolion a sefydliadau i orfodi rheolaeth o'u dewis nhw.

Fe wnewch chi ufuddhau.

Mae propaganda gan eithafwyr crefyddol, grwpiau gwleidyddol ymylol, grwpiau casineb ac amgylcheddwyr radical yn gallu cynnwys delweddau treisgar sy'n achosi gofid. 'Sbin' yw'r enw ar bropaganda gwleidyddol (sy'n rhemp adeg etholiad, yn enwedig). Gallai gynnwys **ymgyrch bardduo**, sef gwleidydd neu ffigwr cyhoeddus yn cael ei gyhuddo o rywbeth ar gam, yn cael ei danseilio neu yn colli ei enw da, yn ogystal â hysbysebion â'r bwriad o osod y naill grŵp mewn cymdeithas yn erbyn y llall.

Mae propaganda yn gallu argyhoeddi rhywun ei fod yn wir, a'i fwriad bob tro yw cael ymateb EMOSIYNOL.

Mae pobl sy'n teimlo'n ddig, yn ofnus, wedi eu tramgwyddo neu wedi'u cyffroi yn fwy tebygol o rannu cynnwys heb ystyried ei resymeg, ei darddiad na'i fwriad posib.

OMB! Mae'n rhaid i fi rannu hwn RŴAN!

Deallusrwydd artiffisial

Mae rhai sefydliadau yn gallu bod yn gyfrwys iawn a defnyddio ffugiadau dwfn – *deep fakes*, a botiaid – *bots*, yn eu hymgyrch i ddylanwadu ar farn ar y cyfryngau cymdeithasol.

Efallai dy fod ti'n meddwl mai fideos newyddion fyddai'r cyfrwng mwyaf dibynadwy. Fideos credadwy sydd wedi'u GOLYGU'N OFALUS i ddangos pobl adnabyddus yn dweud pethau nad ydyn nhw erioed wedi eu dweud yw ffugiadau dwfn. Eu bwriad yw naill ai tanseilio'r unigolyn dan sylw neu awgrymu ei fod yn cefnogi achos pwy bynnag wnaeth y fideo.

Fe allai fideo fod yn ffugiad dwfn os:

- yw SYMUDIADAU LLYGAID y person yn edrych yn annaturiol, neu'n anarferol iddo.
- nad yw'r EMOSIWN ar ei wyneb yn cyd-fynd â'r hyn y mae'n ei ddweud.
- yw LLIW EI GROEN, EI DDILLAD neu EI WYNEB yn edrych ychydig yn aneglur neu'n wallus.
- yw'r SAIN yn anghyson.

Os wyt ti'n gallu arafu neu chwyddo fideo, bydd hynny yn dy helpu i'w **archwilio'n fwy trylwyr.** Gallet ti hefyd chwilio am y fideo ar-lein, i weld a oes fersiwn wreiddiol.

Rhaglenni cyfrifiadurol awtomataidd yw **botiaid** (talfyriad o robotiaid). Mae rhai'n gallu dynwared patrymau sgwrsio dynol – i roi gwasanaeth ar-lein i gwsmeriaid, er enghraifft. Mae propagandwyr hefyd yn gallu defnyddio'r 'botiaid sgwrsio' hyn i fynd i mewn i fforymau ac esgus bod yn bobl go iawn, gan ddylanwadu ar sgyrsiau a'u harwain i gyfeiriad penodol. Mae botiaid hefyd yn gallu postio twyllwybodaeth dro ar ôl tro er mwyn lledaenu newyddion ffug yn gyflymach.

BLIP-BÎP

// DARLLENA HWN. DARLLENA HWN. //

Gallai cyfrif cyfryngau cymdeithasol fod yn bot:

BLIP
BÎP

- os NAD OES LLUN NA DILYNWYR gan y proffil, neu os yw'r bywgraffiad yn llawn GWALLAU TEIPIO.

- Os yw'r cyfrif yn postio negeseuon ddydd a nos – DYDY BOTIAID BYTH YN BLINO.

- Mae'r cyfrif yn AILADRODDUS ac yn sôn am yr un peth drosodd a throsodd, fel robot...

Pam rydyn ni'n cael ein dal?

Mae sawl rheswm pam mae rhannu cynnwys amheus mor hawdd:

1. Mae damcaniaethau cynllwynio yn gallu apelio at bobl sy'n cael methu deall digwyddiadau neu faterion sy'n teimlo y tu hwnt i'w rheolaeth.

2. Mae propagandwyr yn ceisio gwneud i'w cynnwys edrych mor gredadwy â phosib. Efallai eu bod yn defnyddio cyfrifon sy'n dynwared papur newydd lleol, er enghraifft. Mae hyn yn gwneud i'r cynnwys edrych yn ddilys.

3. Mae cynnwys sy'n cael ei rannu gan nifer o bobl yn ei ddilysu i raddau, ac rydyn ni'n tueddu i ddilyn y mwyafrif.

4. Yn aml, ein ffrindiau a'n henwau cyswllt sydd wedi ei bostio, nid dieithriaid, ac rydyn ni'n ymddiried yn ein ffrindiau a'r rhai yn ein cylch cymdeithasol.

Effaith siambr atsain

Mae dy gyfryngau cymdeithasol di yn gallu bod yn 'siambr atsain', lle mae negeseuon dy ffrindiau a dy enwau cyswllt **yn adlewyrchu dy farn di**, fel atsain mewn lle cyfyng.

Efallai fod barn dy ffrindiau a dy enwau cyswllt yn debyg i dy farn di, a'ch bod yn rhannu straeon, erthyglau newyddion a gwybodaeth debyg. Mae ⸢algorithmau personoli⸣ y tu ôl i apiau cyfryngau cymdeithasol sy'n penderfynu beth i'w ddangos ar dy borthiant newyddion ar sail dy ddiddordebau, a'r deunydd rwyt ti'n edrych arno ar-lein. Mae'r rhain yn gallu creu **ffocws mor gul ar gynnwys**, maen nhw'n dileu safbwyntiau gwahanol, gan greu profiad rhagfarnllyd i ti ar y cyfryngau cymdeithasol.

Fel hyn, mae'r rhai rwyt ti'n cysylltu â nhw ar y cyfryngau cymdeithasol yn gallu dylanwadu'n sylweddol ar dy olwg o'r byd, gan atgyfnerthu dy dueddiad i **dderbyn camwybodaeth**.

Rhan **EITHRIADOL O FACH** o'r byd ar-lein yw dy rwydwaith di, felly paid â gadael i'r siambr atsain dy argyhoeddi di bod pawb ar y cyfryngau cymdeithasol yn meddwl yr un fath â **TI**.

Mae porthiannau newyddion ar y cyfryngau cymdeithasol yn rhoi'r flaenoriaeth i gynnwys poblogaidd, sy'n ei wneud yn fwy poblogaidd fyth. Felly mae newyddion ffug yn gallu boddi newyddion go iawn weithiau. Dyma sut mae damcaniaethwyr cynllwynio yn gallu awgrymu y bydd arbenigwyr ac awdurdodau yn methu 'mygu'r gwir'. Ond y gwir amdani yw ei bod hi'n anodd iawn mygu **CELWYDD** unwaith y mae'n trendio.

Meddwl yn feirniadol

Mae clecs, sgandal ac unrhyw beth **YSGYTWOL** yn denu mwy o sylw na newyddion arall, ac weithiau **mae si yn teimlo'n rhy ddiddorol i beidio â'i rannu**. Ond, mae effaith a hyd a lled newyddion ffug yn gallu bod mor enfawr, rhaid i bawb sy'n defnyddio'r cyfryngau cymdeithasol sicrhau nad ydyn nhw'n lledaenu celwyddau a rwtsh.

Cyn rhannu neu bostio erthygl newyddion, defnyddia'r rhestr hon i weithio allan a yw'n **WIR**... ai **PEIDIO**.

FFAITH NEU FFUGLEN?

- Paid â rhannu stori ar sail ei phennawd. DARLLENA'R ERTHYGL GYFAN ac ystyria a ydy hi'n wirioneddol gredadwy.
- EDRYCHA AR Y DYDDIAD cyhoeddi i ofalu bod y cynnwys wedi'i ddiweddaru.
- GWIRIA GYMWYSTERAU awdur yr erthygl. Mae cyfeiriadau URL od yn gallu datgelu nad yw'n safle newyddion dibynadwy.
- EDRYCHA YN RHYWLE ARALL AR-LEIN i weld a yw safleoedd newyddion prif ffrwd yn ategu'r stori.
- YSTYRIA IAITH yr erthygl. Does dim llediaith na gramadeg ac atalnodi blêr mewn newyddiaduraeth ddilys, nac arddull emosiynol neu ymfflamychol.

- Gofynna i ti dy hun, "Beth oedd pwrpas ysgrifennu'r erthygl?" Oes agenda benodol iddi? Ydy hi'n unochrog? Tria ymchwilio i ochr arall y ddadl i LUNIO BARN WYBODUS.
- GWIRIA UNRHYW LUNIAU A FIDEOS am arwyddion o ymyrryd digidol, fel aneglurdeb ac anghysonderau.

Mae propagandwyr yn hoffi plannu hadau amheuaeth sy'n gallu tyfu'n goed mawr o ddrwgdybiaeth ac ofn, felly **mae amau unrhyw wybodaeth sy'n cael ei chyflwyno fel ffaith yn beth da.** Drwy werthuso cynnwys ar-lein yn feirniadol, rwyt ti'n dod i ddeall y cyfryngau, a sicrhau nad yw newyddion ffug yn dy dwyllo. Y rheol hawsaf i'w chofio yw:

Paid â gadael i dy emosiynau dy reoli. MEDDYLIA cyn hoffi neu rannu rhywbeth.

HeliwrTeirw

Wnest ti ddarllen fod 'na gamerâu cylch cyfyng mewn polion telegraff?!

PenselFiniog

Do, welais i hynny, rowlio llygaid.

HeliwrTeirw

Ond mae'n gwneud synnwyr! Maen nhw ym mhob man.

PenselFiniog

Ydan, a camerâu cylch cyfyng... pam mewn polion telegraff?!

HeliwrTeirw

I'r llywodraeth allu sbïo arnat ti DRWY DY FFENEST.

PenselFiniog

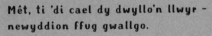
Mêt, ti 'di cael dy dwyllo'n llwyr – newyddion ffug gwallgo.

Gofalu am dy iechyd meddwl

Mae'n bwysig gofalu am dy iechyd meddwl wrth i ti ddefnyddio'r cyfryngau cymdeithasol. Yn ogystal â cheisio cael hanes dy ffrindiau ar-lein, **mae llawer yn digwydd yno dwyt ti DDIM am edrych arno, efallai, ond mae'n anodd ei osgoi**, fel troliau, cynnwys rhywiol, delweddau sy'n cael eu newid i guddio brychau a straeon dychrynllyd ffug. Gall hyn wneud i ti deimlo ychydig yn **negyddol** neu **wedi dy lethu** o bryd i'w gilydd, <u>ond mae sawl ffordd o ofalu am dy iechyd meddwl</u>, a dod o hyd i help pan fydd ei angen arnat ti.

YMENNYDD

Wyt ti'n iawn?

Mae sawl math o anawsterau iechyd meddwl, rhai yn fwy difrifol na'i gilydd. Maen nhw i gyd yn gallu gwneud bywyd yn anodd ar adegau. Dyma'r tri sy'n aml yn effeithio ar bobl ifanc:

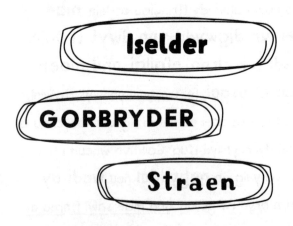

Mae **ISELDER** yn fwy na theimlo ychydig yn besimistaidd neu wedi cael llond bol. Yn aml, does gan bobl sy'n byw gydag iselder ddim egni na brwdfrydedd am y pethau roedden nhw'n arfer eu mwynhau. Efallai nad ydyn nhw'n poeni am eu golwg nac yn cysgu'n dda, a rhai'n teimlo na fyddan nhw byth yn hapus eto.

Mae pobl sy'n byw gyda **GORBRYDER** yn teimlo'n bryderus, yn nerfus, yn ansicr, yn llawn panig neu'n ofnus – neu'r holl bethau hyn ar unwaith – naill ai drwy'r amser neu'n aml iawn.

Mae **STRAEN** yn gallu dy rwystro rhag cysgu a gwneud i ti deimlo ar bigau'r drain. Mae'n naturiol teimlo dan straen weithiau, ond mae'n broblem os yw dy ymennydd yn mynd pymtheg y dwsin a thithau'n teimlo wedi dy lethu.

Os oes unrhyw un o'r teimladau hyn yn taro tant, mae'n werth ystyried sut rwyt ti'n defnyddio'r cyfryngau cymdeithasol i weld a ydyn nhw'n gwaethygu'r broblem, neu a allet ti eu defnyddio i helpu dy hun i DEIMLO'N WELL.

Dwi ddim yn siŵr 'mod i'n mwynhau hyn nawr.

Chwilio am help yn y lle anghywir

Mae ceisio disgrifio dy emosiynau i rywun arall os wyt ti'n teimlo'n isel yn gallu bod yn anodd. Felly mae rhai pobl yn ymateb i'w rhwystredigaeth drwy droi ar eu cyrff, gan hunan-niweidio, cyfyngu ar faint maen nhw'n ei fwyta, gorfwyta neu fwyta er mwyn cysur, neu wneud gormod o ymarfer corff. Efallai fod hyn oherwydd eu bod nhw'n methu dod o hyd i ffordd arall o fynegi eu poen, neu eu bod, rywle yn yr isymwybod, am deimlo bod ganddyn nhw reolaeth ar ran arwyddocaol o'u bywyd.

Os wyt ti'n teimlo dy fod ti'n gorfod gwneud hyn, mae'n bwysig i ti <u>ofyn am help</u> – CYN i ti ddechrau teimlo'n gaeth i ymddygiad a allai dy wneud yn sâl iawn.

Mae angen help arna i... nid fi sy'n rheoli.

Os wyt ti'n teimlo'n isel, gallai fod yn demtasiwn i ti chwilio ar y cyfryngau cymdeithasol am rai sy'n teimlo'r un fath â ti. **OND mae'n hawdd mynd ar goll yn y cyfryngau cymdeithasol** unwaith rwyt ti'n dechrau chwilio am rywbeth negyddol. Mae rhannau tywyll o'r cyfryngau cymdeithasol – fforymau, gwefannau, grwpiau negeseuon uniongyrchol caeedig – lle mae pobl yn annog dy gosbi dy hun, neu eraill, mewn ymdrech i gael gwared ar y teimladau drwg. Mewn gwirionedd, byddai hyn yn gwneud dy sefyllfa yn waeth, hyd yn oed.

Mae'n well gofyn am help **ALL-LEIN**, er mwyn i ti siarad â rhywun wyneb yn wyneb neu glywed ei lais. Mae hynny'n gallu helpu i dy gadw di yn y byd go iawn, i ffwrdd o'r sgrin, a rhoi seibiant i dy feddwl blinedig.

Ro'n i wedi anghofio pa mor braf yw gweld wyneb cyfeillgar.

Paid ag edrych

Dwi'n gwybod y bydda i'n teimlo'n wael os ydw i'n edrych ar hwn...

Hyd yn oed os nad wyt ti'n chwilio am bethau ar-lein sy'n achosi gofid, mae'n bosib iddyn nhw ymddangos ar y cyfryngau cymdeithasol oherwydd mae llawer o bobl yn teimlo'n gyfforddus yno yn sgwrsio ac yn rhannu eu meddyliau a'u teimladau. Ond efallai na fyddi di yn teimlo'r un fath ac efallai fod rhai **pethau y byddai'n well gennyt ti beidio â sôn amdanyn nhw na gweld pobl eraill yn sôn amdanyn nhw.**

Mae rhybudd sbardun – *trigger warning* – yn label y gellir ei roi ar frig neges fel rhybudd y gallai'r cynnwys achosi gofid a sbarduno ymateb cryf gan rywun sy'n uniaethu ag o. Yn aml, pobl sydd wedi gwella o gyflwr gofidus ac eisiau trafod hynny bellach sy'n eu defnyddio.

Y peth pwysig yw **cydnabod dy deimladau** a <u>PHEIDIO</u> ag edrych ar gynnwys a fyddai efallai yn gwneud drwg i ti.

> Mae'r rhaglen hon yn cynnwys golygfeydd a allai achosi gofid i rai gwylwyr.

<u>COFIA</u> ddefnyddio rybuddion sbardun DY <u>HUN</u> os wyt ti am drafod rhywbeth personol a allai fod yn anodd i bobl eraill ei ddarllen.

> Mae fy enwau cyswllt I GYD yn mynd i weld hyn — a dydw i ddim eisiau ypsetio neb...

Paid â derbyn agweddau negyddol am dy gorff

Yn anffodus, mae llawer o hysbysebion niweidiol ar y cyfryngau cymdeithasol yn hybu'r syniad bod rhywbeth o'i le ar dy gorff neu dy wyneb ac mae angen ei drwsio. Dydy hi fawr o syndod bod gweld y 'brychau' hyn ochr yn ochr â delweddau sy'n ymddangos yn berffaith yn gallu bod yn ergyd galed i'r hunanhyder.

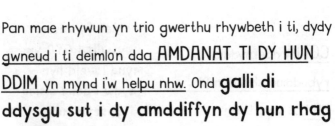

Pan mae rhywun yn trio gwerthu rhywbeth i ti, dydy gwneud i ti deimlo'n dda AMDANAT TI DY HUN DDIM yn mynd i'w helpu nhw. Ond galli di ddysgu sut i dy amddiffyn dy hun rhag y llif o ddelweddau o'r fath drwy dreulio ychydig o amser bob dydd yn ymarfer arferion da ar gyfer delwedd corff CADARNHAOL.

Paid â dy feirniadu dy hun – yn fewnol nac allan yn uchel.

Yn hytrach, dyweda bethau <u>cadarnhaol</u>. Mae'n bosib y bydd dweud y rhain yn uchel ar y dechrau yn gallu teimlo ychydig yn annifyr, ond os wyt ti'n parhau i'w hailadrodd, maen nhw'n gallu gwneud gwahaniaeth go iawn.

Dewisa un o'r datganiadau hyn a'i DDWEUD NAWR...!

Dwi llawn cystal â neb arall.

Dwi'n parchu fy nghorff anhygoel yn union fel y mae o.

Does gan neb yr hawl i fy marnu ar sail fy ngolwg.

Dwi'n llawer mwy na'r olwg sydd arna i.

Dydw ddim yn wrthrych i edrych arno – dwi'n edrych allan ar y byd.

Dwi'n wych!

Gofala fod dy gyfryngau cymdeithasol yn gwneud i ti deimlo'n DDA – rho'r gorau i ddilyn enwogion sy'n defnyddio'u cyrff i drio gwerthu cynhyrchion, <u>a dilyna ddylanwadwyr sy'n gadarnhaol am gyrff yn lle hynny.</u>

Cilio i'r cysgodion

Mae'n hawdd edrych ar luniau a negeseuon rhywun ar y cyfryngau cymdeithasol a MEDDWL eu bod nhw'n byw bywydau hapus a braf. Ond mae cyfleu hyder a chynnal proffil atyniadol yn gallu bod yn <u>waith caled.</u>

Dwyt ti ddim yn gallu golygu bywyd go iawn, ond galli di dreulio llawer o amser yn golygu dy fywyd ar-lein i wneud iddo edrych cystal â phosib.

Mae hyn yn gallu bod yn waith llawn amser i enwogion a phersonoliaethau ar y cyfryngau cymdeithasol.

Mae'r bobl yma am i'w proffil ddenu sylw ac eisiau sefyll allan mewn torf fawr ar-lein. Efallai y bydd eraill yn golygu eu proffiliau i fod yn debyg i'w ffrindiau.

Mae'r 'angen i berthyn' yn ysfa ddynol bwerus, ond felly hefyd yr awydd i fod yn **arbennig** ac yn **unigryw**. <u>Mae dysgu cydbwyso'r ddau beth hynny yn gallu bod yn anodd ar y cyfryngau cymdeithasol.</u>

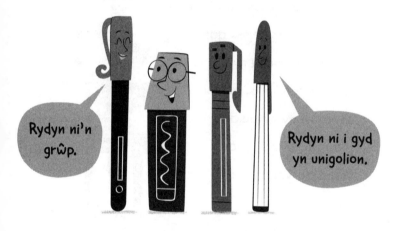

Rydyn ni'n grŵp.

Rydyn ni i gyd yn unigolion.

Hanner y frwydr yw **bod â hyder ynot ti dy hun**. Un ffordd o amddiffyn dy hunan-barch a chynnal dy hunanhyder yw ceisio peidio â gadael i dy ymdeimlad o hunan-werth ddibynnu ar sawl enw cyswllt a dilynwr sydd gennyt ti ar y cyfryngau cymdeithasol, neu'r nifer sy'n hoffi ac yn rhannu dy negeseuon.

Mae hel niferoedd fel hyn yn achosi **STRAEN ddiangen**. Faint bynnag o ddilynwyr sydd gennyt ti, <u>ffrind neu aelod o'r teulu i roi cwtsh i ti pan fydd angen un arnat ti yw'r un pwysicaf</u>. Cofia, dydy clic sydyn ar neges gan ddieithryn – neu rywun rwyt ti'n ei nabod – ddim mor bwysig i dy lwyddiant mewn bywyd â gwaith caled ac ymroddiad.

Diolch!

Shhhh

Mae rhai apiau cyfryngau cymdeithasol yn gadael i ti **GUDDIO** faint o bobl sy'n hoffi dy negeseuon, neu'n ymateb iddyn nhw mewn rhyw ffordd arall. Mae hynny'n ddefnyddiol os wyt ti'n postio er mwyn cael cyswllt ystyrlon gyda dy enwau cyswllt, ac nid er mwyn cael niferoedd mawr yn edrych ar dy neges.

Camau cadarnhaol

Does neb ohonon ni'n gallu rheoli ein bywydau cymaint ag y bydden ni'n ei hoffi, ac **yn sicr dydyn ni ddim yn gallu rheoli pobl eraill a'u barn amdanon ni.** Drwy dynnu baich barn pobl eraill oddi ar dy ysgwyddau, mae'n bosib y byddi di'n dy weld dy hun yn teimlo'n llawer gwell yn feddyliol.

Tria rai o'r syniadau hyn i **hybu** a **diogelu** dy iechyd meddwl.

COFIO BETH SY'N BWYSIG

✚ Tria fod mor obeithiol a chadarnhaol ag y galli di, gan weld y da mewn pobl. Bydd ymarfer hyn, dros amser, yn dy helpu i godi ar dy draed ar ôl cael ergyd neu siom.

✚ Os wyt ti wedi dy lethu, ysgrifenna restr o dy bryderon a cheisia rannu pob problem yn gamau llai. Bydd delio â nhw un ar y tro yn dy helpu i'w goresgyn.

✚ Os wyt ti'n teimlo'n bryderus am sefyllfa, ceisia gofio sut rwyt ti wedi ymateb i bethau sy'n achosi straen yn y gorffennol. Oes modd i ti roi cynnig ar rywbeth weithiodd i ti o'r blaen? Neu beth am drio rhyw ffordd arall, well y tro hwn? Mae angen i ti ddysgu o dy gamgymeriadau, ond adnabod dy lwyddiannau hefyd.

✚ Rho'r flaenoriaeth i amser yng nghwmni ffrindiau a theulu — paid â dweud 'ddim nawr/ rŵan' — oherwydd pan fydd pethau'n anodd, dyma'r bobl bydd angen i ti siarad â nhw. Bydd cael hwyl gyda ffrindiau all-lein a buddsoddi yn dy gyfeillgarwch ag eraill o fudd i ti yn y dyfodol.

MEDDWL IACH, CORFF IACH

✚ Gofala dy fod ti'n cael digon o gwsg — 8 i 10 awr y nos. Mae'n ORFFWYS HANFODOL i'r ymennydd yn ogystal ag i'r corff. Yn fuan iawn, gall colli cwsg arwain at hwyliau drwg, cur pen a theimlo'n aflonydd.

✚ Cofia fwyta'n dda. <u>Mae'r bwyd rwyt ti'n ei fwyta yn</u> <u>gwneud gwahaniaeth go iawn i dy hwyliau.</u> Bydd bwyta mwy o ffrwythau a llysiau lliwgar, yn lle llawer o siwgr a bwyd di-liw, yn dy helpu i fod yn FWY effro ac yn LLAI tueddol o fod yn bigog ac yn oriog.

✚ Gall bod ar-lein wneud i ti deimlo'n gaeth yn dy ben dy hun. <u>Mae angen i ti gysylltu â dy gorff hefyd</u> — hyd yn oed drwy wneud dim byd mwy na dawnsio o gwmpas dy ystafell wely. Mae ymarfer corff yn rhyddhau cemegau yn dy gorff sy'n gwneud i ti deimlo'n dda. Os wyt ti'n dod o hyd i weithgaredd corfforol rwyt ti'n ei fwynhau ac yn gwneud amser ar ei gyfer yn rheolaidd, byddi di'n teimlo'n fwy heini ac egnïol, a bydd dy hwyliau a dy allu i gysgu yn gwella.

✚ <u>Treulia amser y tu allan. Mae'n syndod faint o les mae</u> <u>awyr iach a golau'r haul yn ei wneud i ti.</u> Mae treulio rhywfaint o amser tawel ym myd natur, ddim ond yn cerdded neu'n eistedd, yn gallu dy helpu i deimlo'n fwy tawel, i feddwl yn fwy clir ac i allu gweld pethau am yr hyn rydyn nhw.

✚ Gwna rywbeth rwyt ti **WRTH DY FODD** yn ei wneud, neu dysga sgìl newydd — unrhyw beth sy'n gwneud i'r ymennydd ganolbwyntio neu gael ei herio. Mae gwella a gweld canlyniadau dy ymdrechion yn hwb heb ei ail i dy hunanhyder, a dwyt ti byth yn gwybod i ble y gallai sgìl neu ddiddordeb newydd dy arwain di.

✚ Rho ychydig o dy amser i eraill. Beth am wirfoddoli gydag elusen efallai, cymryd rhan mewn ymgyrchoedd codi arian yn lleol, neu ymuno â chlwb er mwyn dod o hyd i gymuned gefnogol? Gall tyfu planhigyn a'i feithrin hyd yn oed gwneud i ti deimlo'n falch.

CYFRYNGAU CYMDEITHASOL CADARNHAOL

✚ Mae mudiadau cadarnhaol ar y cyfryngau cymdeithasol sy'n ceisio cefnogi iechyd meddwl da. Os wyt ti'n dilyn grwpiau, safleoedd a chyfrifon cadarnhaol, mae'n bosib y byddi di'n gweld ambell **BELYDRYN BACH O HAPUSRWYDD** yn dy borthiant newyddion, sy'n gallu cydbwyso'r holl stwff negyddol sy'n lledaenu gymaint yn haws.

✚ Os wyt ti'n gweld cynnwys negyddol neu amhriodol, riportia'r mater dy hun drwy'r ap yn hytrach nag aros i rywun arall wneud hynny. Fe fydd hyn o fudd i bawb sy'n defnyddio'r ap.

✚ Pan fyddi di'n dod ar draws rhywbeth rwyt ti'n meddwl sy'n hwb i'r galon — dyfyniad efallai, stori wir neu grŵp cefnogol — beth am ei rannu ag eraill? A chofia, **BYDDA'N GAREDIG AC YN GWRTAIS** ar y cyfryngau cymdeithasol, os wyt ti am gael dy drin yr un fath.

Tawelu'r sŵn

Does dim rhaid i ti sgrolio drwy luniau a negeseuon gan bobl y byddet ti'n eu hosgoi ar y stryd. Ar y rhan fwyaf o apiau, fe alli di  **ddad-ddilyn, dadgyfeillio neu fel arall ddatgysylltu oddi wrth rywun ar dy gyfryngau cymdeithasol heb yn wybod iddo.** Wrth i ti ystyried gwneud hynny, efallai y gallet ti guddio dy negeseuon rhag rhai pobl am gyfnod.

Bydd yr algorithm cyfryngau cymdeithasol yn dewis cynnwys o'r enwau cyswllt rwyt ti'n rhyngweithio â nhw fwyaf ar yr ap, felly os wyt ti'n **cadw dy gylch cymdeithasol yn fach** ar yr ap, gall hynny helpu i gadw dy borthiant yn haws ei reoli ac yn llai llethol.

Cymryd egwyl o'r sgrin

Os wyt ti'n sylwi bod bywyd ar-lein yn dy wneud di'n fwy anhapus na hapus, **paid ag ofni STOPIO**. <u>Gallet ti ddewis diffodd neu atal dy gyfrif cyfryngau cymdeithasol am ychydig</u> (sydd fel pwyso'r botwm saib, heb golli dy broffil na dy enwau cyswllt) i roi ychydig o le i ti anadlu er mwyn deall beth hoffet ti ei gael o'r cyfryngau cymdeithasol a sut i wneud iddyn nhw weithio'n well i ti. Efallai y byddi di hyd yn oed yn penderfynu dy fod ti'n mynd i ddileu dy gyfrif, er mwyn symud i ap arall sydd i'w weld yn fwy addas i ti, neu er mwyn cael egwyl barhaol.

AR GAU AM Y TRO

Os byddi di'n penderfynu camu i ffwrdd o'r cyfryngau cymdeithasol am gyfnod, mae'n rhaid i ti droi cefn hefyd ar 'FOMO' – *fear of missing out*. Yn ei le, <u>galli di ganolbwyntio ar greu amseroedd ac atgofion hwyliog</u> yn y byd go iawn na fydd eraill eisiau colli allan arnyn nhw!

Geirfa'r cyfryngau cymdeithasol

algorithm personoli – y rhan o **ap** sy'n gweithio allan beth ddylai ymddangos ar dy **borthiant**, yn seiliedig ar dy **ddata** personol, beth rwyt ti wedi ei **hoffi**, a'r gwefannau rwyt ti'n ymweld â nhw.

allweddair – term chwilio ar wefan.

ap (rhaglen) – meddalwedd a gynlluniwyd i redeg ar ddyfais symudol.

Bitcoin – math o arian digidol.

blog – tudalen anffurfiol ar y we sy'n cael ei diweddaru'n rheolaidd, gan grŵp neu unigolyn (y blogiwr).

blog fideo – blog sy'n cael ei gyflwyno ar fideo. Blogwyr fideo yw'r enw ar y rhai sy'n eu creu.

bot – rhaglen feddalwedd sy'n cwblhau tasgau ailadroddus, awtomataidd ar-lein.

bywgraffiad – disgrifiad byr o rywun, fel arfer yn cynnwys ei hobïau.

crëwr cynnwys – rhywun sy'n creu a phostio **cynnwys** yn rheolaidd ar-lein at ddiben penodol, e.e. adloniant neu addysg.

cwci – darn bach o **ddata** sy'n cael ei ddefnyddio i dy adnabod di wrth i ti bori ar wefan.

cyfrannu torfol – proses i godi arian at elusen neu brosiect, gan ffans ar-lein.

cynnwys – fideo, sain, testun (negeseuon a sylwadau), ffotograffau neu ddelweddau eraill ar-lein.

data – gwybodaeth sy'n cael ei chynhyrchu neu ei storio gan gyfrifiadur.

dilynwr (neu **danysgrifiwr**) – rhywun sy'n dewis cael diweddariadau awtomatig o gyfrif cyfryngau cymdeithasol penodol.

dolen – testun wedi'i amlygu sy'n cyfeirio defnyddiwr i leoliad arall ar-lein wrth glicio arno.

dylanwadwr – rhywun sy'n gallu dylanwadu ar nifer fawr o bobl ar y cyfryngau cymdeithasol, drwy argymell cynnyrch neu wasanaethau.

edefyn trafod – trafodaeth am bwnc penodol ar **fforwm**, lle mae pob ateb wedi'i grwpio gyda'i gilydd.

emoji – llun graffeg bychan, yn aml o fynegiant yr wyneb, wedi'i wreiddio mewn testun neu wedi'i ychwanegu ato i gyfleu emosiwn.

fforwm – gwefan neu dudalen lle mae defnyddwyr yn postio ac yn ateb negeseuon sy'n trafod pwnc.

ffrydio byw – darlledu fideo neu sain yn fyw ar-lein.

ffugiad dwfn – sain neu fideo o rywun sydd wedi cael ei newid yn ddigidol i edrych fel petai'n dangos rhywun arall, neu i ddweud rhywbeth annilys.

haciwr – rhywun sy'n defnyddio cyfrifiadur i gael mynediad heb awdurdod at **ddata**.

hanes pori – rhestr o dudalennau gwe y mae defnyddiwr wedi ymweld â nhw.

hashnod – gair neu ymadrodd gyda'r symbol # o'i flaen, i nodi **cynnwys** sy'n ymwneud â phwnc.

hidlydd – dull o olygu lluniau a fideos i greu naws neu olwg benodol.

hoffi – dull o gymeradwyo neu gytuno, drwy glicio ar eicon ar **ap** cyfryngau cymdeithasol.

hunlun – llun rwyt ti'n ei dynnu ohonot ti dy hun, fel arfer gyda ffôn clyfar, i'w bostio ar y cyfryngau cymdeithasol.

hysbyseb naid – hysbyseb ar-lein sy'n ymddangos yn sydyn fel ffenestr fach ar dy sgrin.

hysbysiad – rhybudd gan **ap** sy'n rhoi gwybod i ddefnyddiwr fod sylwadau, negeseuon neu ddiweddariadau newydd wedi ymddangos.

magu perthynas amhriodol ar-lein – meithrin perthynas glos â pherson ifanc, er mwyn dylanwadu arno neu ei gam-drin.

maleiswedd (meddalwedd maleisus) – rhaglenni sydd wedi'u cynllunio i analluogi, difrodi neu ddwyn data.

memyn – darn byr o **gynnwys**, wedi ei greu neu ei addasu i fod yn ddoniol, sy'n **mynd yn feiral**.

mynd yn feiral – pan fydd **cynnwys** yn cael ei rannu'n gyflym ar draws y cyfryngau cymdeithasol.

neges uniongyrchol – neges breifat rhwng dau ddefnyddiwr ar blatfform cyfryngau cymdeithasol.

newyddion ffug – gwybodaeth dwyllodrus sy'n cael ei darlledu neu ei chyhoeddi fel newyddion, er mwyn twyllo pobl.

ôl troed digidol – gwybodaeth mae'n bosib ei holrhain sydd wedi'i gadael gan rywun ar ôl bod ar-lein.

pornograffi dial – postio delweddau rhywiol cignoeth o rywun ar-lein heb ganiatâd, i achosi loes.

porthiant (porthiant newyddion) – tudalen we wedi'i diweddaru'n gyson sy'n dangos y negeseuon a'r sylwadau diweddaraf ar safle.

proffil – ardal neu dudalen bersonol defnyddiwr ar **ap** cyfryngau cymdeithasol lle mae'n postio **cynnwys**.

rhannu – anfon **cynnwys** ymlaen, neu ei ail-bostio ar y cyfryngau cymdeithasol.

rhithffurf – ffigwr sy'n cynrychioli person ar-lein, sy'n cael ei ddefnyddio yn lle llun – *avatar*.

rhwydwaith – system o bobl sy'n gysylltiedig â'i gilydd.

rhybudd sbardun – datganiad ar ddechrau darn o **gynnwys** yn rhybuddio gwylwyr ei fod yn cynnwys deunydd a allai achosi gofid.

secstio – anfon **cynnwys** rhywiol cignoeth.

tanysgrifiwr (neu **ddilynwr**) – rhywun sy'n dewis derbyn diweddariadau awtomatig o gyfrif cyfryngau cymdeithasol penodol.

traffig gwefan – faint o ddefnyddwyr sy'n ymweld â gwefan.

trendio – cynnwys cyfredol poblogaidd neu sy'n cael ei drafod yn frwd, yn enwedig ar y cyfryngau cymdeithasol.

trolio – postio rhywbeth bwriadol sarhaus neu bryfoclyd i gynhyrfu neu ddigio defnyddwyr eraill.

URL (*Uniform Resource Locator*) – cyfeiriad tudalen we.

Mynegai

Ch

D

E

Nodiadau

Canllaw i Oroesi'r Cyfryngau Cymdeithasol
Cyhoeddwyd yng Nghymru yn 2023 gan Y Lolfa

Y Lolfa, Talybont, Ceredigion, Cymru SY24 5HE.
ylolfa.com

Cyhoeddwyd gyntaf yn 2022 gan Usborne Publishing Ltd, dan y teitl
Social Media Survival Guide.
©2022.

Dylunydd: Sophie Standing
Dylunio ychwanegol: Ruth Russell
Dylunio'r fersiwn Gymraeg: Richard Huw Pritchard
Darllenydd proflenni: Alice Beecham
Darluniau ychwanegol: Nancy Leschnikoff a Freya Harrison

ISBN: 978-1-80099-359-4

Dymuna'r cyhoeddwyr gydnabod cymorth ariannol
Cyngor Llyfrau Cymru